慈善
有什么用？

[英]罗德里·戴维斯　著

林庆新　李扬　译

生活·讀書·新知 三联书店

图书在版编目（CIP）数据

慈善有什么用？ ／（英）罗德里·戴维斯
(Rhodri Davies) 著；林庆新、李扬译. -- 北京：生
活·读书·新知三联书店，2025. 7. --（时代的发问）.
ISBN 978-7-108-08058-5

Ⅰ．C913.7

中国国家版本馆 CIP 数据核字第 2025Y7U291 号

责任编辑　王　竞
装帧设计　赵　欣
责任校对　曹忠苓
责任印制　卢　岳

出版发行　生活·讀書·新知 三联书店
　　　　　（北京市东城区美术馆东街 22 号　100010）
网　　址　www.sdxjpc.com
经　　销　新华书店
印　　刷　宝蕾元仁浩（天津）印刷有限公司
版　　次　2025 年 7 月北京第 1 版
　　　　　2025 年 7 月北京第 1 次印刷
开　　本　787 毫米 × 965 毫米　1/32　印张 5.75
字　　数　85 千字
印　　数　0,001 - 5,000 册
定　　价　45.00 元

（印装查询：01064002715；邮购查询：01084010542）

"时代的发问"
编者序

现状已然破碎。世界正深陷于一系列可能威胁我们生存的挑战之中。其中一些挑战可能关系到人类的生存。如果我们相信世界可以有所不同，如果我们希望世界变得更好，那么现在正是时候去质疑我们行为背后的目的，以及那些以我们之名所采取的行动的意义。

这便是"时代的发问"这套系列丛书的出发点——一场大胆的探索，深入剖析塑造我们世界的核心要素，从历史、战争到动物权利与网络安全。本系列穿透纷繁喧嚣，揭示这些议题的真正影响、它们的实际作用及其重要性。

摒弃常见的激烈争论与两极分化，本系列提供了新颖且前瞻性的见解。顶尖专家们提出了开创性的观点，并指明了实现真正变革的前进方向，敦促我们共同构想一个更加光明的未来。每一本书都深入探讨了各自主题的历史与功能，揭示这些主题在社会中的角色，并着重指出如何使其变得更好。

丛书主编：乔治·米勒

致弗兰、艾尔莎和玛莎：

感谢你们给我的启发和包容，

我几乎每一天都沉浸在自豪与喜悦之中。

我爱你们！

我答应你们：

下次一定写一部谋杀悬疑小说。

目　录

1

简　介

　　慈善的概念因人而异。有人视其为富豪的慷慨解囊，有人则认为它关乎社会中的日常善行。批评者将慈善贬低为亿万富翁的虚荣项目，而支持者则强调慈善曾在历史上在推动社会进步和创新方面发挥了积极作用。

　　无论如何理解，慈善常被视作小众议题，仅为主流政治讨论的边缘部分。然而这种看法并不准确。正如您将在本书中所发现的那样，几个世纪以来，慈善在塑造我们的世界中扮演了重要角色，无论是支持反奴隶制运动，还是资助医学研究。在微观层面上，慈善反映了我们的基本价值观及我们互动的方式。正因如此，那些表面看似聚焦于慈善的问题，常常能激起更为深刻的伦理与道德层面的思考。

在宏观层面上，慈善作为社会、国家和市场体系外的一股力量，发挥着促进资源重新分配的关键作用。因此，关于慈善的讨论就转化为对自由、正义以及我们理想中社会样貌的政治探讨。

鉴于慈善在不同国家的定义和衡量方式各异，难以准确计算出一个全球性的总价值。已知数据显示，2021年英国的民众捐赠了总计113亿英镑的善款[1]。同一年，美国的个人捐赠也达到了4850亿美元[2]，接近美国历史上最高的捐赠数额纪录。根据哈佛大学2018年发布的报告，报告中23个国家慈善基金会的总资产估值为1.5万亿美元[3]。根据经济合作与发展组织（OECD）的估计，每年约有106亿美元的私人捐赠用于全球发展项目[4]。有数据显示，从2016年到2019年，支持全球发展的慈善捐款总额达到了425亿美元，而同期的官方发展援助（ODA）超过这一数字的10倍，即5955亿美元。尽管慈善捐赠在总量上远不及政府支出，但慈善资金的使用却能产生比它本身数额大得多的影响。因此，慈善确实是一个值得我们深入关注和探讨的话题。

更为紧迫的是，慈善事业正处在一个关键的转折点。近年来，关于利用私人资产服务于公共利益的观念，遭受了广泛且引人注目的批评。部分批评者指出，慈善之所以存在，是因为社会财富分配极不均衡，它反映的是贫富不均的问题，而非其解决方案。另一些人则称，慈善可能让富人绕过选举途径影响公共政策与公共讨论，本质上是对民主的侵蚀。新型冠状病毒感染（COVID-19）的暴发更是加剧了人们对不平等和问责制的担忧，致使一些批评家指出，若欲让慈善在未来发挥积极作用，就必须进行根本性的改革。

名称	国家	成立年份	财富来源	资产（亿美元）
诺和诺德基金会	丹麦	1989	制药公司（诺和诺德和诺维信）的股权	696
比尔与梅琳达·盖茨基金会	美国	1994	比尔和梅琳达·盖茨的个人财富、企业股权	519
斯帝廷·英格卡基金会	荷兰	1982	宜家创始人英瓦尔·坎普拉德的个人财富、英格卡控股的所有权	388
惠康基金会	英国	1936	制药百万富翁亨利·威康的遗产	370
万事达卡基金会	加拿大	2006	2006年首次公开募股（IPO）期间创建的股份	315
霍华德·休斯医学研究所	美国	1953	休斯飞机公司的股权（100%）	271

表1.1　世界十大慈善基金会[5]

名称	国家	成立年份	财富来源	资产（亿美元）
阿齐姆·普雷姆吉基金会	印度	2001	威普罗首席执行官阿齐姆·普雷姆吉的个人财富	210
开放社会基金会	美国	1993	投资者乔治·索罗斯的个人财富	196
礼来基金会	美国	1937	乔赛亚·K.礼来及其儿子小伊莱·礼来和小乔赛亚·礼来的个人财富，以及在伊莱·礼来公司的股权	151
福特基金会	美国	1936	埃德塞尔·福特和亨利·福特的个人财富，以及在福特汽车公司的股权	137

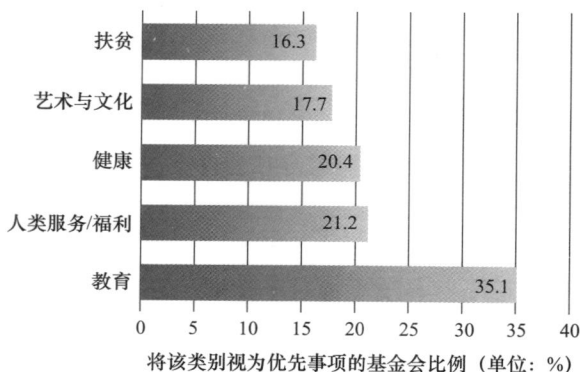

图1.1　慈善基金会的优先事项[6]

慈善有什么用？

慈善事业运作的环境也在迅速变化之中。如今，人们更加积极地投入时间、精力和资源到自己关心的事情上，"做好事"的范围越来越广，新机会也层出不穷。传统的慈善机构发现，它们不仅要面对过去的老对手，还得跟众筹、影响力投资（就是那种既赚钱又做好事的投资方式），以及网上火起来的各种社会运动抢地盘。同时，社会对慈善、国家和市场这三者应该承担什么样责任的看法也在慢慢改变。特别是经历了新冠肺炎疫情后，我们更加明白了国家行动的重要性，也让慈善的力量大放异彩。从直接给食品银行送温暖，到支援前线医护人员，再到出钱出力研发和推广疫苗，慈善捐助者真是哪里需要去哪里。而且，疫情还催生了一种新潮流，那就是企业也开始标榜自己的"社会责任"，这样一来，原本被看作是慈善机构专属的领域，现在也被企业挤占了一部分。这就让人不禁思考一个关键问题：在这个时代，慈善到底还能给社会带来哪些独一无二的价值呢？

当我们展望未来时，有必要回顾过去。慈善事业的历史发展虽然不是预测未来的绝对依据，但确实揭示了今天我们所拥有的机构和规范背后的故事。

这些历史也为我们思考慈善的未来提供了丰富的素材和启示。不过，慈善的历史仍有待学术界、从业者及其他人员进行更深入的探索。因此，本书将通过一些实例，说明认识慈善的历史的确可以丰富当前关于慈善事业的讨论，并带来关于慈善事业未来发展的新洞见。

什么是慈善？

了解慈善的重要性之后，在深入探讨其目的之前，我们首先要明确一个基础问题：慈善究竟是什么？这听起来似乎只是给一个常用词下个定义的小事——特别是考虑到这个词在本书中会频繁出现——但实际上，要精确回答这个问题，确实需要一番深思。

从词源上，我们有足够的基础：几乎所有谈及慈善的书都会告诉你，这个词的根源可以追溯到古希腊，意思是"对人类的爱"。我们甚至还能追溯到它首次使用的例子：在公元前5世纪的古希腊戏剧《被缚的普罗米修斯》中，埃斯库罗斯将普罗米修斯赞誉为"慈善家"，因为他敢于从神祇那里窃取火种，并将其赠予人类。然而，这些历史信息并未揭示"慈善"一词在当今社会的具体用法，也未涵盖其在随后两千五百多年间所承载的多种含义和演变。

了解慈善从古至今的发展历程，对于把握慈善的现代意涵及其复杂性至关重要。本书将借助历史洞察，深入探讨当代慈善事业的内涵。但得注意，仅凭历史知识本身并不能直接给出慈善的明确定义。或许，我们甚至不应该寻找这样的定义。可能这样的定义根本就不存在。接受这一事实，将有助于我们更全面地理解慈善的多样性和丰富性。

在探讨"慈善"一词为何难以明确界定时，我们自然会想到各种划定其使用范围的方法。例如，慈善是否与金额紧密相关？是否只有当富人捐赠巨额资金时，才能称之为慈善？这似乎确实与"慈善"一词经常被用来讨论超级富豪的捐赠这一事实相符。然而，我们不难发现这种定义的局限性。首先，许多人拒绝接受慈善与财富之间的任何隐含联系。现如今，越来越多的人呼吁我们需要重新界定"慈善"一词，摆脱它仅仅与财富挂钩的偏见，因为这样的观念往往忽视普通人在日常生活中的善行。

即便我们倾向于将"慈善"定义为更大规模的捐赠行为，那么这条界限又该如何划定呢？是否存在一个临界点，使得捐赠一定数额的金钱被视为"仅仅是捐赠/施舍"，而比这多一点就可以称为"慈善"了？再者，有人坚信，捐赠唯有蕴含牺牲精神，方能彰显其价值；有一句古意第绪语箴言如是道："若慈善无需成本，仁慈不伴着心痛，世间慈善家遍地可见矣。"鉴于真正的牺牲显然取决于个人拥有多少，那么，判定捐赠是否为慈善的门槛，是否也应当与捐赠者的财富状况相称呢？

慈善的独特之处，或许并不在于捐赠的金额大小，而在于捐赠的方式。若将慈善仅限于金钱的捐赠，这样的定义无疑过于褊狭。在慈善领域，人们常提及"三个T"——时间（Time）、才华（Talent）和财富（Treasure）。这意味着，我们在审视慈善时，不仅要关注人们慷慨解囊的金钱捐赠，更应看重他们无私奉献的志愿工作，以及他们倾注于慈善项目的专业技能。同时，我们还需要反思，是否在定义慈善时过于偏重通过正式渠道（如注册慈善机构或非营利组织）进行的捐赠和志愿服务，而忽视了那些无法被现有衡量体系纳入的非正式捐赠方式。这些非正式方式对那些被主流慈善体系所忽视的人群（如19世纪的工人阶级或现今的某些少数群体）尤为重要。若我们未能将这些方式纳入慈善范畴，就可能会延续这种排斥的循环。

有些人倾向于从"什么"的角度出发，即依据所支持的事业类型和活动范围来界定慈善。诚然，多数国家的法律确实界定了哪些事业属于慈善范畴，以及哪些活动可被视为追求慈善事业的合法行为。然而，当我们深入思考便会发现，是否应该让这些法律条文完全主导慈善的整体概念，其实是一个值得商榷的问题，因为这样做无形中赋予了政府界定慈善的权力。理论上这是有问题的，因为我们不愿将慈善完全置于政府控制之下。在实操层面，这也存在问题，因为掌握慈善的定义权往往会成为政府限制公民社会权利和自由的手段。遗憾的是，许多政府已经或正在这样做了。

在界定慈善时，人们会区分两种类型的慈善活动：一类是即时性的援助，旨在缓解眼前的困境；另一类则致力于根除其根源。有人认为，前者属于"捐赠"的范畴，但后者才是"慈善"的核心。这一观点确实有其道理：纵观历史，许多经典慈善案例都不仅仅局限于为有需要的人提供即时帮助，还同样重视通过宣传和倡导来推动公众舆论或法律的变革。因此，我们提出的任何"慈善"定义都必须包含这种类型的宣传和倡导活动。但也不应局限于此，因为这类形式并非慈善的全部。提供即时帮助仍然是许多慈善实践的核心部分。

最后，我们是否可以通过"为什么"来定义慈善呢？是否可以用动机来判断人们的行为是否属于慈善范畴？这一观点也似乎存在局限性。对捐赠者背后动机的质疑，往往会成为我们判断其行为是否真正出于慈善目的的基础。例如，有人可能认为捐赠者的慷慨更多是出于自我满足或声誉追求，比如希望自己的名字能被刻在某个大型建筑物上，而非出于纯粹的慈善心或利他主义。问题在于，我们无法直接洞察他人的内心世界，因此对他们捐赠动机的任何解读都只能依赖于我们自身的判断或捐赠人的说法。依赖自身的判断存在着局限性，因为个人的评估往往受到既有观念、假设和偏见的影响。而纯粹相信捐赠者自身的说法同样存在风险：人们往往难以准确识别并解释自己行为

慈善有什么用？

的真正动机，有时甚至会出于各种原因而歪曲事实。

这一观点在诸多情景下或许显得无关紧要，因为有些人倾向于不将动机视为界定慈善行为的核心标准。例如，慈善领域的知名学者德怀特·伯林加姆（Dwight Burlingame）就曾指出："利他主义并非慈善定义的唯一或必然动机。"[7]倘若此言非虚，那么，真正重要的是个人的赠予行为，而非其背后的动机（又回到了问题的原点）。

定义慈善确实很困难，但这并不意味着我们应当就此放弃尝试。一方面，尽管存在不完美之处，但仍然有一些定义能够传达我们可能想要表达的大部分内容。慈善学者罗伯特·佩顿（Robert Payton）提出的慈善即"为了公共利益的志愿行动"这一定义，便因其简洁明了而经常被援引。[8]另一方面，我们或许需要更加包容地接纳慈善这一概念本身的模糊性。众多学者如今已达成共识，认为慈善最恰当的理解方式，就是将其视为一个"本质上有争议的术语"。对慈善的定义本身就存在争议，或者"慈善"也被看作是一个"伞形术语"，它能够覆盖并容纳多种多样且可能相互冲突或矛盾的话题。美国最高法院大法官波特·斯图尔特（Potter Stewart）在

1964年的一桩关于淫秽案件的审判中，提出了一个著名观点："硬核色情"并非一个能够轻易定义的概念，但"看到它的时候会知道是它"。也许慈善也是类似的，当我们看到或经历到具体的慈善行为时，往往能知道这就是慈善。

不过，还有另一种选择：即使我们不能确切地说明慈善是什么，但我们可以通过明确慈善不是什么来增进对它的理解。这就如同通过描绘一个国家与邻国接壤之处来确定国界一样，即使这些边界在某些地方可能模糊不清或存在争议。本书也将采用这种方法，每一章都围绕慈善与邻近概念的差异和联系展开。我们将探讨慈善与捐赠、正义、国家、民主和市场之间的关系。希望通过分析这些领域的相似性和差异性，我们能揭示慈善事业的本质，帮助读者理解历史上关于慈善的重要辩论和主题。这将使我们能够明确今天慈善是为了什么，同时为我们指明慈善应该如何改变以满足未来的需求。

2

慈善还是捐赠？

1905年，一家威尔士报纸提出："捐赠与慈善事业的区别，在于后者能雇得起新闻代理人。"[1]此话虽然带有玩笑成分，却也揭示了一个事实：捐赠与慈善之间的对比一直是慈善事业讨论的重点，且可以追溯到数百年前。时至今日，这一区别也深刻塑造着人们的观点和行动。深入理解这一区别的产生及其背后的原因，对于明确慈善的目标与定位，具有至关重要的意义。

宗教意义上的施舍还是世俗意义上的慈善？

有人认为，区分捐赠（施舍，charity）与慈善（philanthropy）的一种方法是，前者本质上具有宗教色彩，而后者则是世俗行为。这一观点确有其真实的一面，宗教在塑造这两种理念的历史关系中扮演了重要角色。然而，将慈善简单视为宗教施舍的世俗化版本，却显得过于片面。首先，这种区分忽略了慈善与施舍之间诸多更为复杂的差异。其次，它也未能准确反映当代社会对两者的普遍认知。如今，许多人的捐赠并非出自于宗教原因，他们所支持的组织也完全是世俗性质的——虽然宗教意义上的捐赠在英国和美国等国家的慈善事业中仍占据最大比例（英国约为17%，美国约为三分之一），而且宗教信仰在全球范围内对捐赠文化的影响也不容忽视。[2]但是，这并不能说所有捐赠本质上都是宗教性质的。同理，有些慈善家的确因为宗教信仰原因而捐赠，或选择支持具有宗教色彩的事业和组织，所以慈善也不能说完全是世俗性质的。

"慈善"一词确实深植于世俗土壤。追溯其源流，我们不难发现它最早在古希腊时期被称为"philanthropia"，用来指代一种广义的公民美德。赠予（giving）作为这一美德的一个方面，虽不可或缺，却并非其核心所在。彼时，赠予的动机并非仅仅出自对贫困者的怜悯，也不是为了减轻某些个人的苦难，而是蕴含着更深层的公共精神——那是基于良好公民意识与责任感，为全体人民福祉而做出的贡献。"施舍"一词的起源则与宗教紧密相连。尽管它源自拉丁语的"caritas"，并历经了复杂的演变过程，但真正使其深入人心并成为主流，乃因其在基督教传统中被广泛采用。在基督教语境下，"慈善"被赋予了怜悯与关怀受苦同胞的崇高美德，这一美德经由教会的神圣化，更被视为上帝恩典的体现。随着基督教在西方世界的广泛传播，"施舍"这一概念逐渐兴起，而"慈善"一词却日益衰落，以至于在近千年的时间里，很大程度上从词汇中消失了，至少在英语中如此。

中世纪欧洲，基督教的施舍占据着主导地位，用现代语言来说，就是富人对穷人的给予，由教会进行管理，促使施舍者捐赠的动力是，他们期待自己能以此进入天堂。在这样的观念下，那些被视作足够慷慨的人可以获得通往天堂的"入场券"。这种施舍模式的一个显著特点是它往往侧重于给予者的初衷与意愿，却可能在一定程度上忽略了接受者的独特价值与捐赠的实际效用。当然，众多学者已提出警示，认为这样的看法或许过于绝对，因此我们在探讨中世纪的施舍时，应当保持审慎态度，避免将其简单化或一概而论。

无论如何，到了16世纪，宗教改革以一股不可阻挡的力量深刻动摇了这些观念（以及众多其他观念）。这一变革标志着慈善事业发展史上的一个重大转折点。历史学家 W. K. 乔丹指出，新教徒们为了确保所有与天主教相关的旧习都被视为落后与腐朽的，他们"蔑视并摒弃了中世纪的施舍机制，认为那是一种随意且缺乏纪律的方式，既无效率又浪费资源"。[3]于是，捐赠本身和如何捐赠迅速成为新教徒与天主教徒之间激烈宣传战的核心议题。英国诗人约翰·邓恩（John Donne），作为改信新教的代表人物之一，大胆断言道："自宗教改革以来，我国在这六十年间所取得的慈善成就，所建立的医院与学院，其数量之多、贡献之大，远远超越了此前被迷信所笼罩的数个世纪。"[4]在这类言论上，他并非孤例。

宗教改革极大地促进了慈善观念的转变。学者加雷斯·琼斯（Gareth Jones）认为，"随着英国民众对于灵魂归宿的忧虑逐渐减少，他们开始更加关注现实生活中身边人的需求"。[5]宗教改革是推动16世纪以来慈善世俗化的关键因素之一，但并非唯一原因。欧洲大陆各地，包括那些天主教信仰根深蒂固的国家，也经历了类似的慈善观念转变过程。同样重要的是，由像天主教荷兰学者伊拉斯谟（Erasmus）这样的思想家引领的一种新的世俗人文主义思潮逐渐兴起。在18世纪的启蒙运动期间，关于上帝、理性、自然和人类的新观念带来了艺术、科学、哲学及政治领域的巨大变革。这些变革深刻地影响了人们对贫困本质及慈善角色的认知。贫困不再是必须被接受甚至受人欢迎的，不再是上帝安排的世界秩序中的固定部分，而是被视为一种可以通过社会行动来克服的弊病。许多思想家现在认为，慈善虽可在解决贫困问题中发挥一定作用，但绝非唯一途径；当慈善难以触及并解决深层的结构性问题时，应引入税收及其他国家机制作为替代方案。

启蒙运动的重要先驱弗朗西斯·培根爵士（Sir Francis Bacon），在1612年重新将"慈善"引入英国读者的视野，赢得了广泛的赞誉。他特别选择了希腊语的"philanthropia"来表达这一概念，并审慎地强调其源自古希腊，英语中尚难找到完全对等的词语来精确传达其含义。[6]随着"慈善"一词重新融入英语语境，它逐渐拓展了新的意义范畴。起初，这些内涵主要与社会和政治运动相关：例如，18世纪的英国监狱改革家约翰·霍华德（John Howard）被广泛认为是第一个被贴上现代意义上的慈善家标签的人。[7] 进入18世纪与19世纪，随着时代的演进，新型志愿组织如雨后春笋般迅速增长（正如大卫·欧文所描述的那样）[8]，极大地丰富了慈善事业的形态。在这一过程中，慈善日益与向慈善机构捐赠资金的行为紧密相连。最终，20世纪的美国见证了工业巨头们巨额财富的增长，许多人选择将财富投入慈善事业，部分原因是为了改善他们此前被视作"强盗贵族"的公众形象。安德鲁·卡内基（Andrew Carnegie）和约翰·洛克菲勒（John D. Rockefeller）这样的富豪创立了庞大的慈善基金会，这一做法不仅在当时具有创新性且确立了新的慈善事业模式，至今仍然对慈善界产生着影响。对许多人来说，慈善事业是与巨大财富和美国特色紧密相连的，尽管从历史角度看，这与事实相去甚远。

治标还是治本？

显然，慈善与施舍之间存在一个显著的区别，

图2.1 约翰·霍华德，摘自
《约翰·霍华德先生生平与品
格轶事》，1790年

约翰·霍华德被公认为首位现
代意义上的慈善家。作为监狱
改革领域的先驱，他坚持不懈
地记录了英国乃至欧洲各地监
狱中令人震惊的恶劣环境，赢
得了社会各界的广泛钦佩。霍
华德生前便享有崇高的声誉，
逝世后名声更是如日中天，长
久以来被视为慈善家的典范，
影响力跨越了整个19世纪。

即慈善在某种程度上被赋予了更为世俗化的色彩。
然而，仅仅指出两者之间的差异并不够。对于慈
善的支持者来说，慈善的定义特征不仅在于它不
以宗教为基础，更在于它与宗教模式的不同之处：
它的关怀范围是普遍的，超越了个人或特定群体
的限制。而且，慈善在实施过程中是有选择的，
而并非无差别。有人提出，施舍主要是通过为个
体提供直接帮助，来缓解社会问题的表面症状；
相比之下，慈善则更着重于深入探索并尝试解决
这些问题的根本原因。正如历史学家罗伯特·格

罗斯（Robert Gross）在研究美国慈善与慈善事业观念演变时所强调，这两者之间存在着显著的差别：

> 捐赠这一行为体现了个人对他人具体而直接的同情和联系……但（慈善）的目标不仅仅是帮助个人，还在于改革社会。慈善致力于消除困扰特定个人的社会问题，旨在引领我们走向一个施舍（捐赠）不再普遍，甚至可能不再必要的世界。[9]

认为贫困这样的社会问题可以靠慈善来"解决"，这种想法反映了人们在思维方式上的巨大变化。在中世纪，以托马斯·阿奎那（Thomas Aquinas）的著作为代表，贫困被视作上帝的旨意：有人贫穷，有人富有，这是上天的安排。穷人可以通过贫穷来获得慰藉，因为贫穷被视为一种美德，意味着与上帝更加亲近；而富人则有责任通过对穷人的施舍来减轻财富带来的精神负担。但这种施舍的目的并不是改变不平等的现状。到了启蒙时代，随着新的激进的政治经济思想的兴起，哲学家们开始意识到，贫困并不是命运的安

图2.2 安德鲁·卡内基肖像，作者不详，油画，约1905年

苏格兰裔美国钢铁巨头安德鲁·卡内基出身贫寒，却成长为20世纪初最著名的慈善家之一。他注重"科学"的捐赠方法，摒弃"无差别的慈善"，这一思想在其1889年发表的文章《财富的福音》中得到阐述，至今仍影响深远。

排，而是社会的一种系统性缺陷。自17世纪末起，人们逐渐产生了一种新的观点：如果慈善能够以正确的方式进行，或许可以最终消除人们对捐赠的依赖。这种想法一直延续到今天，比如在2009年，卡内基公司的总裁瓦尔坦·格里高利安（Vartan Gregorian）就坚定地表示："慈善的目标在于根除那些催生捐赠需求的根源。"[10]

对普世慈善的批评

从慈善注重根治问题而非仅解决表面症状的特点来看，慈善显然比单纯的施舍更为优越。然而，现实情况中，慈善有时也因追求普遍性和理性而会被指责缺乏人情味，忽略了施舍蕴含的善良与对邻人的关怀。自18世纪以来，傲慢且不受欢迎的"大善人"成为讽刺文学的常见对象。W. S. 吉尔伯特（W. S. Gilbert）（因与苏利文合作而闻名）在其诗作《令人不悦的人》中，就描写了这类人物的特点。诗中，他塑造了一个自命不凡、行事高傲的人物形象，其行为反而让身边人疏远他。

> 你若愿闻其详，我自会道明身份：
> 我是真正的慈善家，其他人不过都徒有其表。
> 每个小小的脾气缺陷，每处社交的不足，
> 在我那有过错的同伴身上，我都尽力去纠正。[11]

《泰晤士报》1914年的一篇文章指出，这一问题的部分原因在于，"慈善家往往因为热衷于普遍性而忽略了个体"。这通常源于两方面，一是"人们常将慈善家视作跟其一样的普通人"，而"未认可其特殊身份"；二是，现实中的人常常让慈善家感到挫败，因为他们并"没有达到慈善家心目中对人的理想标准"。[12]因此，慈善家可能选择转向

理想化的抽象慈善，而不是按照世界本身的面貌来对待它。

批评者还认为，虽然慈善的目标比简单的捐赠更为高远，但这可能会让人们更倾向于制订宏大的计划，追求乌托邦式的愿景，而忽视了对那些真正急需帮助的人的基础性援助。当慈善计划的设计者太过沉浸于自己的理念而忽视了这些计划在实际中的效果时，这些计划反而会直接给受助者带来伤害。乔纳森·斯威夫特（Jonathan Swift）在《一个温和的建议》（"A Modest Proposal"）一文中对此进行了深刻的讽刺。他提出了荒谬的"慈善食人"方案——建议那些无力抚养孩子的父母吃掉自己的孩子，以此来解决儿童贫困的问题。[13] 当然这一建议的荒谬性令人震惊，但斯威夫特竟能将其呈现为"合理"的解决方案更令人毛骨悚然，这正是为了讽刺18世纪风靡一时的乌托邦慈善计划。

更常见的批评观点认为，宏大愿景的慈善事业本身不一定有害，真正的问题在于它们转移了人们的注意力，使人忽视了更平凡更迫切的需求。著名插画家乔治·克鲁克香克（George Cruikshank）在1848年创作的漫画《普世慈善家》中就巧妙地讽刺了慈善事业偶尔倾向于关注宏大

图2.3 《普世慈善家》。根据乔治·克鲁克香克的作品制作的版画，1848年

著名插画家乔治·克鲁克香克在1848年的漫画中，描绘了一位慈善家因一户饥饿家庭打断他完善"宏大的普世兄弟情谊计划"而愤怒地踢开他们的场景。这幅作品巧妙地反映了长期存在的批评观点，即复杂的、自上而下的慈善可能会妨碍基本的人性关怀与善行。

计划的现象。画中，一位衣着光鲜的慈善家正一脚踢向一户贫困人家，这家人则畏缩着躲避他。贫困家庭的父亲哀求道："先生，请施舍一点吧，我们快饿死了！"慈善家却愤怒地回应："我正在完善一项致力于建立普世兄弟情谊和共同富裕、造福全人类的伟大慈善计划，你竟敢打断我……你这不知感恩的家伙，滚出我的家，好好去学习怎么爱那些施舍你的人吧！"[14]

"望远镜慈善"

19世纪普遍存在着一种批评声音，认为慈善家往往追求全球性的慈善事业，导致他们过度关注海外问题，而忽视了国内更为紧迫的需求。乔治·艾略特（George Eliot）在作品《米德尔马契》（*Middlemarch*，1871年）中提到："我们都知道，有人开玩笑说慈善家的善心和他们想要帮助的人之间的距离是成正比的。"这种慈善行为被人们讽刺为"望远镜慈善"。这个名字源于1865年《笨拙》杂志的一幅著名漫画[15]。漫画中，不列颠女神正在用望远镜看向远方的海面，她身旁却有一群贫穷的顽童拉着她的长袍，问道："夫人，是我们还不够黑吗？难道不值得您来关心吗？"这幅漫画清楚表明，虽然对"望远镜慈善"的批评源于"慈善始于家"这一陈旧观点，但它也与民族主义和排外情绪紧密相连。因此，它经常使用种族化的形象和语言，令现代人颇感不适。

在对"望远镜慈善"的早期批评中，英国政治家乔治·坎宁（George Canning）的观点尤为著名。实际上，在丽兹·特拉斯（Liz Truss）短暂担任首相之前，坎宁就已经创下了英国最短任期首相的纪录。坎宁在政治上主张民族主义，对雅各宾主义和法国大革命的理想持强烈的反对态度。1798年，他发表了一首名为《新道德》的讽刺诗，被认为是对当时他所称的"法国慈善"（实际上指的是普世主义慈善观）的尖锐批判。

> 首先，我要谈谈那严肃的**慈善**：
> 她并非拭去孤儿泪眼的女子，
> 也不是安抚寡妇忧伤的温柔身影；
> 也非那位被神圣慈善指引，
> 每年引领英国慷慨潮流的女子。
> 她是那来自法国的**慈善**——
> 胸怀宽广如海
> 心中燃烧着对全人类普遍的爱。[16]

维多利亚时代是大英帝国的鼎盛时期。这一时期英国对海外领地和殖民地的统治与治理，以及随之产生的责任和义务，成为国家意识和政策制定的核心。因此对"望远镜慈善"的批评也达到了高潮。狄更斯在小说《荒凉山庄》（*Bleak House*）中，借杰利比夫人（Mrs Jellyby）这一人物，深刻揭示了"望远镜慈善"的弊端。杰利比夫人热衷于支持远在非洲的传教和慈善事业，而忽视了身边的亲人，甚至让自己的孩子挨饿。同一时期，英国的重要媒体《泰晤士报》也对"望远镜慈善"现象进行了严厉批评。1840年，该报转载了一首来自讽刺杂志《约翰牛》的诗作《献给现代慈善的颂歌》，嘲讽了那些热衷于海外反奴隶制运动，却对英国本土依然存在的奴隶问题视而不见的慈善人士。

> 你们这些纯正的慈善家
> 将同情的目光投向广袤大地，
> 悲伤让他们无法自己，
> 为被卖入鞭笞与枷锁的黑肤兄弟痛苦不堪；
> 但对于眼前饿死的白人同胞，
> 却毫无怜悯之心。[17]

在许多对"望远镜慈善"的批评中所流露出的种族主义倾向，在今天看来确实令人感到不适。但同样令人不安的是，我们社会并未完全摆脱这种态度。2021年，英国皇家救生艇协会（RNLI）遭到了极右翼团体的猛烈抨击。这些团体对该协会援助穿越英吉利海峡寻求避难或庇护的"外国人"感到愤慨。美国的研究人员也发现，当慈善机构为移民（尤其是无证移民）提供支持时，有些人的捐款意愿并不高。[18]近年来，许多针对国际援助和发展的攻击背后都隐藏着民族主义情绪，并以"慈善始于家"这一观念来合理化，而正是这一观念长期以来引发了对"望远镜慈善"的批评。

理性且区别对待?

慈善关注解决问题的根源，而不仅仅是表面症状，有时采取的方法和方式与施舍截然不同，但也并非总是如此。例如，在解决贫困问题时，慈善也会有类似于赠款或现金捐赠的直接资源分配方式，这在表面上看似乎与施舍相似。那么，慈善在这些情况下如何与施舍区分开来呢？关键在于理性与辨别的运用。有观点认为（通常来自批评家），施舍可能更多地受情感或宗教义务驱动，资源分配显得相对随意。相比之下，慈善则强调通过理性分析，基于明确的理论合理分配资源，以期达到既定目标。在实践中，慈善组织会辨别哪些人"值得帮助"和哪些人"不值得帮助",并努力寻找最有效的方法来帮助前者,而避免帮助后者。

"无差别施舍"数百年来一直是慈善界所关注的问题。苏格兰裔美国工业家和慈善家安德鲁·卡内基早在1906年便警示道:"阻碍人类进步的一大绊脚石正是无差别的施舍。"他强调,"每施舍1000美元,或许有高达950美元被不当使用,结果非但未能减轻或解决问题,反而可能无意中加剧了困境"[19]。这一观点认为:无差别施舍不仅浪费资源,还可能带来深远的破坏,因为它容易培养穷人的依赖心理,甚至可能纵容懒惰。回望历史,早在卡内基前,作家塞缪尔·约翰逊(Samuel Johnson)就说过:"将钱花在奢侈享受上,有时候比直接赠予穷人更有益,因为奢侈消费能激发他们的斗志去努力工作,而直接给钱则使他们变得懒惰。"[20]更有人进一步指出,考虑不周的施舍正是当今社会的主要问题。维多利亚时期的经济学家威廉·斯坦利·杰文斯(William Stanley Jevons)就曾断言:"许多现今存在的贫困与犯罪问题,其根源或许可以追溯至过去那些不当的施舍行为。"[21]

在前工业时代，许多欧洲国家就开始引入
《济贫法》，这标志着政府开始建立新的扶贫机制，
开始区分哪些穷人值得帮助，哪些不值得帮助。
此时，国家首次承担起一些原本由家庭或教会承
担的公民福祉保障责任。由于这一新机制需要地
方税来满足福利需求，而所有公民都承担了纳税
人的义务，这也意味着，许多公民都开始关心他
们的纳税钱能"花得值"，并且不会落入"错误的
人"手中。至今，这种担忧仍在影响着关于税收
和福利的讨论。对地方政府和国家政府而言，鼓
励慈善捐赠以满足社会福利需求是一种重要的政
策手段，这样做可以减少征收不受欢迎的税收的
必要性。因此，现在他们更加重视确保这些慈善
捐赠能够具有针对性和差异性。英国 1598 年出台
了《济贫法》，1601 年紧接着出台了《慈善用途
法令》。这些法令的主要目的是提高慈善捐赠的有
效度，并确保这些捐赠用于政府重点关注的事业，
以此减轻国家在福利方面的责任负担。正如历史
学家保罗·斯莱克（Paul Slack）所言，"《济贫法》
旨在改革和重塑慈善事业。它应该是有目的、有
区别的。乞讨和随意施舍的做法应当被废除，捐
赠者的慷慨和善意应当被导向对受助者的实际需

求的关注。"[22] 为了规范和引导个人自发的善举，汉堡市甚至在1788年颁布了一项新法令，将自发或无差别的捐赠定为非法，并可处以罚款！[23]

从18世纪起，随着城市化和工业化的不断推进，用恰当且有区别的方式施舍变得愈发困难。人口从农村地区迁移到快速发展的城镇和城市，人们纷纷在新建的工厂和工场里寻找工作机会，贫困、疾病以及健康问题的性质和规模也随之发生了变化。确实需要探索新的慈善方法，因为正如大卫·欧文所言："无论慈善家的心地多么善良，他们都难以准确找出最需要帮助的人并深入了解他们……试图将村庄或小镇中人与人之间的那种慈善模式推广到城市贫民窟，无疑是一项难以完成的任务。"[24] 于是"联合慈善"的模式兴起。这一慈善模式借鉴了18世纪新兴股份制公司的运作方式，使得捐助者能够集结起来，共同汇聚资源，并吸纳更多的专业知识，以确保善款能够得到合理且有效的分配。这实际上标志着我们今天所熟知的志愿组织的诞生，这一模式也迅速普及开来。

然而，建立志愿协会来帮助管理捐赠，仍不足以缓解捐赠者的各种担忧。进入19世纪，针对无差别捐赠现象的批评之声不断高涨，最终促成了1869年慈善组织协会（COS）的成立。COS挑战了慈善捐赠与《济贫法》管理中显而易见的松懈和低效状况，从而使济贫工作立足于更加科学的基础之上。这场带着宗教般的热情的运动，在推动过程中也树敌不少，因为COS倾向于单独挑出个别慈善机构和慈善家进行严厉批评，并毫不妥协地解雇任何不同意其原则和方法的人。然而，COS也有许多支持者，其中包括杰出的慈善家如奥克塔维亚·希尔（Octavia Hill）、威廉·拉斯伯恩六世（William Rathbone VI）等，其影响力横跨整个19世纪末至20世纪初，在英国及海外都建立了众多地方分会。这场运动在美国产生了尤为显著的影响，其倡导的慈善组织理念，乃至后来被誉为"科学慈善"的理念，深深影响了历史上众多杰出慈善家的思维方式。对于像约翰·洛克菲勒和安德鲁·卡内基的慈善家而言，如何以他们认为最有效的方式捐赠巨额财富，几乎成了一项难以承受的挑战。正因如此，卡内基才发出了那番著名的感慨："明智地捐出钱财，其难度超越了最初赚取它们的艰辛。"[25]"科学慈善"的理念则为他们（及众多同时代人）提供了一个系统化

　　　　　　　　　　　　慈善有什么用？

救急（Help In）　　　　　济贫（Help Out）

图2.4 "救急/济贫"。明尼阿波利斯慈善协会年度报告一组漫画，1911年

这两幅漫画对比了"个体"慈善和"科学"慈善组织。前者仅仅触及贫困的表面，而后者则致力于从根本上解决贫困问题，通过提升受助者自给自足能力和改善社会流动，来确保慈善活动持续长期有效。从19世纪至20世纪初，"科学"慈善的倡导者与"个体"慈善的拥护者之间冲突不断。类似的辩论至今仍影响着捐赠的方式。

的框架来管理其巨额捐款，同时这一框架还强调了个人责任和自力更生的合理性，这与他们既有的财富观和社会观不谋而合。

　　许多人对"科学慈善"的兴起持警觉且鄙视的态度，认为这种区别对待的慈善显得冷酷且缺乏人情味。这些批评者认为，慈善的核心在于人性和基本的善良，而"科学慈善"所追求的"效率"与"理性"在很多时候是以牺牲这些人性价值为代价的，这代价过于高昂。爱尔兰裔美国诗人约翰·博伊尔·奥雷利（John Boyle O'Reilly）嘲讽了"吝啬、冷漠的有组织慈善，其以严谨精细、账目完备的基督之名"[26]，而作家安布罗斯·比尔斯（Ambrose Bierce）承认，"无差别的捐赠确实浪费了很多资源，也造成了一些伤害"。但"无特别指向的救济"也有其可取之处，因为它在为受助者送去福音的同时也为施予者带来慰藉。[27]美国社会改革家简·亚当斯（Jane Addams，也是一位著名慈善家）同样写道：

> 即便是那些最热切期望慈善行为能有序发展并取得相关成果的人，看到"有组织的"与"慈善"这两个词的并置也会心生反感。从根本上讲，我们难以信任这种以社会行为理论取代人性自发冲动的慈善模式，尽管我们意识到现实是复杂的。[28]

20世纪初，批评者的这些担忧不幸应验了。

"科学慈善"的一些知名倡导者竟然开始接纳优生学之类的极具问题的学说，作为他们将捐赠合理化的依据。早在19世纪，人口理论家托马斯·马尔萨斯（Thomas Malthus）就阐释了人口问题与慈善观念之间的关联。他的追随者，如《经济学人》的编辑沃尔特·白芝浩（Walter Bagehot），也认为：

> （慈善）确实带来了巨大的好处，但也同样带来了巨大的恶果。它助长了许多恶行，加剧了众多痛苦，让不少人遭受苦难，甚至变得邪恶。它对世界是利是弊，还有待商榷。[29]

19世纪中叶，查尔斯·达尔文发表了《物种起源》（*Origin of Species*，1859年），详细阐述了他提出的自然选择进化论，这一理论以其简称"适者生存"而广为人知，尽管最初备受争议，但影响深远。随后，许多人尝试将达尔文的思想应用于人类社会，正如达尔文本人在其后续著作《人类的由来》（*The Descent of Man*，1871年）里所提出的那样。在这本书中，他指出为了避免"弱者生存与繁衍可能带来的不良后果"，应尽力阻止"身体或精神孱弱者"结婚。[30]这种"社会达尔文主义"，结合对遗传机制的深入理解，为人口问题关注者采取更加积极的干预手段（包括强制生育控制和强制绝育等措施）提供了基础。

这些观念在今日或许令人震惊，但在当时它们却获得了广泛认同。到20世纪20年代，数百所大学内都开设了优生学课程。毫无意外，这些思想在"科学慈善"领域受到众多支持者的热情追捧，他们将这些理念视为一种强有力的新工具，相信其能够为社会带来进步。妇女权利倡导者如玛丽·斯托普斯（Marie Stopes）和玛格丽特·桑格（Margaret Sanger），也是优生学的著名推动者。同样，多个知名的美国慈善基金会也积极参与支持优生学的研究或其方法的应用。例如，美国优生学研究办公室（Eugenics Research Office）于1910年获得了卡内基公司的资助，而福特、洛克菲勒和拉塞尔·塞奇（Russell Sage）等基金会也在其他地方资助了与优生学相关的实践。[31]芝加哥的维布尔德基金会（Wieboldt Foundation）于1930年资助出版了关于"智慧慈善"的书籍，收录了一系列学术专家的论述，其中也包括了备受争议的优生学家 H. S. 詹宁斯（H. S. Jennings）。在他撰写的"慈善的生物学层面"一章中，他建议：

> 慈善组织正在助力不适应者的生存与繁
> 衍……它们正逐渐让弱者与堕落者融入社会，
> 让他们的缺陷与堕落代代相传。生存环境应
> 被设置得更为严峻而非宽松；任何相反之举，
> 皆是引导人类走向衰败的歧途。[32]

在德国纳粹党意识形态形成时期——这一意识形态最终导致了大屠杀与种族灭绝，慈善书中这些话语尤其让人不寒而栗。然而，在20世纪晚期，仍然有一些慈善组织卷入了极具争议的人口理论和实践。例如，在1970年代末，福特基金会资助了一个针对印度人口过剩问题的项目，该项目后来被曝强迫许多男性接受绝育手术。[33]

正如我们所看到的，慈善家们长期宣扬他们的方法优于传统慈善模式，因为他们的方法更具理性，专注于解决"根源而非症状"。然而，这也可能带来负面影响。慈善与优生学这些不光彩且纠缠不清的遗产，至今仍是我们必须面对的问题。它提醒我们在为复杂的社会问题找到解决路径的过程中，忽视了同理心与人类尊严这两大基本原则会带来什么后果。也许，我们应将捐赠和慈善视为"既此又彼"而非"非此即彼"的关

系：理想的做法是否应该在捐赠的即时性和人性关怀与慈善的理性和普遍性之间找到平衡点？事实上，女权主义者、社会改革家约瑟芬·巴特勒（Josephine Butler）早在 1869 年就已经提出了这样的观点。她将慈善分为"男性气质"和"女性气质"两种模式：

> 我们已经见证了被称为"女性气质"的慈善，即个体间的独立施舍，这种方式过于陈旧，已不再适用于当代。这种方式已经失败。我们现在正准备尝试"男性气质"的慈善——特征是通过大规模、系统化的措施，由人类主导并经议会认可的组织与体系来实施。如果这种方式发展过度，以至于掩盖了"女性气质"慈善所蕴含的真理，那么它同样会走向失败。那么，我们为何不尝试将这两种同样正确的原则结合起来呢？[34]

巴特勒的言论在当时未能引起广泛重视，而慈善事业某种程度上也逐渐偏向理性化。许多大额捐赠者依旧倾向于采用技术化、集权化、自上而下的慈善模式，这拉大了他们与受助者之间的

慈善有什么用？

距离，可能会导致一些问题。以脸书创始人马克·扎克伯格（Mark Zuckerberg）为例，他尝试通过推广特许学校来改造新泽西的公立教育体系，却遭到了教师和家长的强烈抵制，因为这一举措并未和他们沟通协商，这种"慈善中的家长式作风"令他们感到强烈不满。

近年来，"有效利他主义"作为一股新兴的强大力量，正引领慈善事业迈向更加理性的阶段。这一运动根植于哲学家彼得·辛格（Peter Singer）所倡导的功利主义伦理，这一理论敦促捐赠者采取一种无偏见的客观捐赠策略，以达到捐赠的最大化效益（以质量调整生命年[Quality Adjusted Life Years，QALYs]等科学、客观的标准来衡量）。[35]与过去许多试图使慈善更加理性化的方式一样，有效利他主义也遭遇了不少批评。然而，它也同样拥有大量支持者，特别是在科技行业创造财富的新一代捐赠者，他们理念上更倾向于采用数据驱动和高度理性的模式。

不过，在其他领域，有迹象表明，慈善事业的"钟摆"似乎正在回归，开始更加注重人际联系与小规模的善行。越来越多的精英慈善家正利用自己的财富来资助旨在鼓励日常捐赠的实践：例如，比尔与梅琳达·盖茨基金会（Bill and Melinda Gates Foundation）是全球慷慨运动"周二捐赠"（Giving Tuesday）的主要资助者。该运动通过一年一度的捐赠日（以及全年开展的其他工作）来广泛推广捐赠文化。

其他慈善家也将更传统的元素融入捐赠行为，其中最著名的是亿万富翁、亚马逊创始人杰夫·贝佐斯（Jeff Bezos）的亿万富翁前妻麦肯齐·斯科特（Mackenzie Scott）。自2019年以来，她已慷慨捐赠了高达86亿美元的善款，且这一数字仍在持续增长中。斯科特女士的慈善事业不仅因其规模和速度而引人注目，更在于她所采取的捐赠方法。她摒弃了自卡内基和洛克菲勒时代以来，大笔慈善资金中常见的自上而下的、程序化的分配模式，而是选择了直接向非营利组织和草根组织提供无附加条件的捐赠。这一过程中，斯科特特别重视人际关系和情感交流。她在一篇博客文章中描述了与非营利组织领导人通话、告知对方即将收到捐赠时的情景，电话那头传来的"真实的个人故事与泪水"，"总是让我和我的队友们感动得潸然泪下"。

目前尚不清楚斯科特注重人际联系的方法是

否能在更大规模上实施，以及她的方法是否会影响他人并引发慈善界的新趋势，将人际联系重新置于慈善活动的核心。然而，值得注意的是，在2022年初与比尔·盖茨离婚后，梅琳达·弗伦奇·盖茨（Melinda French Gates）宣布了她慈善事业的转型。她计划将原本与丈夫共同运营的基金会的重心进行调整，转而致力于一种全新的方法，更加注重为那些直接面临问题的人赋能，这一决策与麦肯齐·斯科特一直以来的慈善理念不谋而合。鉴于这两位女性掌控的慈善资源规模，她们有能力对慈善事业的运作方式产生巨大影响。这或许预示着一个重要的转折点。

同时，数字平台作为重要捐赠工具的兴起，也对慈善与捐赠之间的界限产生了影响。当人们通过平台和手机应用程序进行捐赠时，这些捐赠可能流向传统慈善组织或非营利组织，也可能直接流向发出筹款请求的个人。技术让我们回归了传统的点对点、无中间环节的捐赠模式，同时克服了过去这种模式所面临的地理限制。

从积极的角度来看，这可能会增加愿意捐款的人数。因为具体的受助对象的请求往往能更有效地激发人们的捐赠意愿。另一方面，我们也可能会重新面对一些旧有挑战。人们难以界定自己在平台的捐赠到底算捐赠还是慈善。当面临多个捐赠请求时，他们可能会像过去那些因慈善请求数量庞大而不知所措的捐赠者一样，发明出志愿协会的形式。如今的平台捐赠者是否最终也会创建类似传统慈善组织功能的机制，以重构慈善的运行模式？同样，当捐赠者在众多受赠者之间做选择时，我们也可能再次引入过去关于"值得"与"不值得"的这个争议颇多的区分。如果这些判断是在没有中介机构参与的情况下直接做出的，而中介机构可以确保资金能够精准流向最需要帮助的人群（正如慈善机构长期以来的作用），情况可能会更加令人担忧，因为这样捐赠行为受个人各种有意识和无意识的偏见的影响。例如，已有证据表明，当人们为医疗治疗需求捐款时，他们更倾向于支持那些与自己种族相近或擅长通过社交媒体讲述自己故事的人，而不是最需要帮助的人[36]。因此，技术可能会将我们带回到非常古老的捐赠模式，既包含了其挑战也包含了其益处。

慈善有什么用？

3

慈善还是正义？

　　"一个社会若试图让慈善取代社会正义的职责，这将是其犯下的最严重错误。"美国牧师及达特茅斯学院院长威廉·朱厄特·塔克（William Jewett Tucker）在 1891 年这样指出。[1]这一见解得到了众多后来者的共鸣：1932 年，英国工党领袖乔治·兰斯伯里（George Lansbury）明确表示，他的政党"不接受以慈善来替代社会正义"[2]，同年，哲学家伯特兰·罗素（Bertrand Russell）也提出，"在一个真正公正的社会中，慈善将失去容身之处"[3]。那么，为何区分两者是至关重要的？它又能如何揭示慈善事业在当今社会的本质和角色？

　　我们已经意识到，"慈善"这一概念难以

界定。而对"正义"的定义则更加复杂;我们暂且采纳《牛津哲学词典》(*Oxford Dictionary of Philosophy*)中关于正义的解释:"在某种意义上,正义与伦理学中关于谁应该获得利益和负担,以及各种好坏事物的分配是一样的,因为其他人也可能得到这些东西。"慈善,这种资产再分配的方式,是否是正义的一种形式?倘若慈善本身并不天然等同于正义,那么,在特定情境下,它能否成为追求正义的载体?另一方面,考虑到慈善往往植根于社会不平等(即富人和穷人之间的差异),这是否意味着慈善在某种程度上反映了甚至强化了现有的不公?慈善与正义之间,是否存在直接的对立关系?

污点资金问题

历史上,不少批评者指出,慈善并未能真正解决不公,反而在某种程度上延续了这种不公。这些批评有时针对特定的慈善模式,有时则是对整个慈善行为的质疑。前一种模式的一个典型例子是,一直以来都有人声称有些善款是"脏钱",它的来源存在道德上的争议。有人认为,如果财

　　　　　　　　慈善有什么用?

富的积累过程涉及了显著的不公，那么这种不公将严重削弱甚至完全抵消通过捐赠来行善的积极意义，这种慈善行为就不能被视为正义的。这种由"来源有争议"的捐款所引发的伦理困境，确实带来了诸多具有挑战性的问题。例如，什么样的捐赠者会被视为有争议的？这种争议性是仅仅针对捐赠者，还是会扩展到其捐赠的资金？这种争议会持续多久？接受者是应该接受"脏钱"并将其用于好的方面，还是为了不玷污自身名誉而拒绝接受这些污点资金？

这些问题自人们开始为慈善捐赠以来就一直困扰着大家，意见始终存在分歧。一方认为，脏钱永远无法通过慈善洗白；例如，早在公元746年，盎格鲁-撒克逊国王参加的克洛弗肖会议（Council of Clovesho，教会会议）就规定："不应将通过不公正掠夺或其他用武力或残酷手段获取的财物用于施舍"[4]。同样，在19世纪，贵格会慈善家乔治·卡德伯里（George Cadbury）提出："再多的善款也无法抹去财富积累过程中对工人福祉的忽视所带来的伤害。"[5]1840年代，美国废奴主义者兼作家弗雷德里克·道格拉斯（Frederick Douglass）在英国期间，通过发起一场反对苏格兰自由教会向美国蓄奴者募捐的公开活动，明确反对将有争议的钱用于捐赠，呼吁教会"把这带着血迹的钱退回去"[6]。另一些人则认为，区分"好钱"和"坏钱"在现实中是无法操作的，因此不应成为慈善事业的障碍。乔治·萧伯纳（George Bernard Shaw）认为：

> 实际上，国家的所有闲钱几乎都是由租金、利息和利润构成的，每一分钱均与犯罪、酗酒、卖淫、疾病及贫困的恶果相关，正如其与企业、财富、商业诚信及国家繁荣那样密不可分。认为可以轻易标记某些钱为脏钱，是一种不切实际的个人主义迷信。[7]

救世军创始人卜威廉（William Booth）"大将"对此说了一句精辟的话（或许有传闻色彩）："脏钱的唯一问题就是它'还不够多！'"

在20世纪初的美国，脏钱捐赠成为主流政治辩论的焦点，源于1905年约翰·洛克菲勒对美国海外传教事务委员会的大额捐赠。美国海外传教事务委员会态度积极，认为接受这笔捐赠并不意味着支持洛克菲勒在商业领域的垄断行为。他们

慈善有什么用？

图3.1 帕克的发明。萨缪尔·厄尔哈特（Samuel Ehrhart）绘，载于《帕克》杂志，1905年4月12日

约翰·洛克菲勒站在梯子上，将一桶硬币倒入"专利消毒器"中，一位神职人员打开槽口，将硬币收进标有"为传教事业洗干净的钱"字样的桶中。这幅漫画反映了洛克菲勒对美国海外传教事务委员会捐赠引起的争议，将"脏钱"用于捐赠的论题带入20世纪初公众和政治的主流辩论之中。

的责任是善用这笔钱，而不是对这笔钱的来源表态。然而，公众和政治舆论却并未站在他们一边。美国总统西奥多·罗斯福（Theodore Roosevelt）在1906年的演讲中强调"我们应当严格区分通过正当途径获得的财富和不正当途径获得的财富"，对于后者，他说"无法抹去其积累过程中的不当行为所带来的负面影响"[8]。一些知名的讽刺作家也加入了这场辩论。马克·吐温假借撒旦之名向《哈泼斯周刊》投去一封嘲讽意味十足的信："亲爱的先生和同胞——让我们摒弃这些无谓的争论吧。既然美国海外传教事务委员会每年都欣然接受我的捐赠，那么，他们为何要拒绝洛克菲勒先生的慷慨解囊呢？……"[9]小说家吉尔伯特·切斯特顿（G. K. Chesterton）则以更为犀利的笔触，撰写了一篇名为《百万富翁的赠礼》（"Gifts of the Millionaire"）的文章，对洛克菲勒的慈善行为进行了尖刻的讽刺。他认为，洛克菲勒的捐赠不过是富人试图以金钱购买道德赦免的又一拙劣手段，而这种行为让慈善事业逐渐成了"邪恶者的遮羞布"。[10]

脏钱捐赠依然是悬在现代慈善事业头上的一道阴影。部分原因是公众对历史上通过蓄奴制或殖民主义等手段积累的财富的担忧。近年来，迫于资助者、活动家和公众的压力，越来越多的机构承认他们过去的捐赠者（及其现有财富）是有一些问题的。2020年，乔治·弗洛伊德（George Floyd）被杀引发的"黑命贵"全球抗议浪潮，极大地加深了对历史上有争议的善款问题的关注，

慈善有什么用？

许多组织开始直面过去历史，进行更广泛的历史清算。这是否会带来真正的长期影响，特别是如何处理过去的脏钱问题，还有待观察。

关于资助者与受助者在面对具有争议的历史背景的资金关系时应如何妥善回应，这依然是一个复杂且富有挑战性的问题。例如，是否存在时效性的问题，即资金的"污点"在经过一段时间后可自动被视为不存在？同样，如果这笔资金仍然背负着污点，那么仅仅承认这一点，是否就足以平息争议？如果有争议的捐赠者被做成雕像或名字被刻在建筑上，是否应该移除它们？还是说，这不过只是表面上象征性的举动，真正需要的是实实在在的补偿？当这些问题被高度政治化，被"文化战争"叙事所笼罩时，其复杂性便大大增加了，任何决定都会被透过意识形态的有色眼镜来看待。移除历史捐赠者的雕像，或者从建筑上抹去他们的名字，在部分人眼中是"对历史觉醒或重写"，而在另一些人眼里，不作为便是对此人所代表的一切的支持。遗憾的是，在当前的紧张氛围下，深入理解过去所需的精细分析与复杂考量常常被搁置一旁。针对脏钱捐赠的讨论，往往沦为简单的二元对立和片面的总结，这无法帮助我

图 3.2 本杰明·罗姆（Benjamin Rome）于 1721 年后在布里斯托尔出售的小册子《已故慈善家爱德华·科尔斯顿先生的肖像》

这本诞生于 18 世纪的小册子，在奴隶主、政界人士及慈善家爱德华·科尔斯顿（Edward Colston）离世不久即问世，其主要目的是颂扬他在慈善方面的巨大贡献。长期以来，科尔斯顿因在他的家乡布里斯托尔参与奴隶贸易，一直是一个有争议的人物。2020 年，他的雕像被"黑命贵"抗议者推倒并扔进布里斯托尔港，而科尔斯顿也就成了我们关于如何理解和纪念过去那些有争议捐赠者的辩论焦点。

们应对这些挑战。从实际操作层面考虑，一个良好的第一步是各组织委托研究其资产的历史来源，这样我们至少可以做出有依据的判断（即使我们不一定得出相同的结论）。

对于脏钱捐赠的担忧并不仅限于那些过去可疑的捐赠行为。当然，也有许多现存的捐赠者，他们的捐赠同样也存在伦理问题。近年来，最为公众所瞩目的例子莫过于赛克勒家族。正如帕特里克·拉登·基夫（Patrick Radden Keefe）在其著作《疼痛帝国》（*Empire of Pain*）中所详尽描绘的那样，赛克勒家族不仅生产阿片类药物，还从美国的阿片类药物泛滥中大肆获利。许多曾经受益于他们资金支持的文化和高等教育机构宣布将不再接受赛克勒家族的捐赠。一些机构还将该家族的名字从它们所资助的建筑物上移除。赛克勒家族的情况绝非孤例，实际上，涉及有争议善款的丑闻在近年来发生得比以往更加频繁。一方面有可能是因为更严格的审查机制使得慈善捐赠行为能够被置于更广泛的范围内进行审视。另一方面，我们所应用的伦理标准变得更加苛刻，因此越来越多案例被爆料存在问题。

无论出于何种缘由，脏钱捐赠所引发的问题始终对慈善事业构成实实在在的挑战。当捐赠者认为自己可能因钱的来源而受到非议时，他们往往会变得更加谨慎，甚至选择不再以公开透明的方式进行捐赠。同样，面对道德上有争议的捐赠，资金匮乏的组织也面临艰难抉择：接受还是拒绝？接受捐赠是否等同于认可捐赠者，进而让组织承担声誉受损的风险？组织如何在维护长期声誉与避免短期财务困境之间找到平衡？此外，还

3.1 思想实验：脏钱捐赠

你是一位大学校长。你擅长吸引有才华的人才，然而，如何筹集资金以帮助他们最大限度地发挥潜力的问题一直困扰着你。最近，某科技企业的创始人愿意捐赠一笔巨额资金，用于建设一座新的全球可持续发展中心，并以他们公司的名字命名。该企业曾因向全球范围内一些强权政府出售监控产品而备受争议。你需要向伦理委员会简要说明情况，该委员会将撰写一份关于是否应接受该捐赠的报告。你希望他们考虑哪些因素？

要考虑捐赠是否有附带条件，是让捐赠者间接控制资金用途，还是自己可以完全独立操作？在实践中，众多组织正积极构建一套统一的捐赠接受政策框架，以为处理这些复杂问题提供明确的指导原则（亦需认识到，决策往往仍需根据具体情况逐案处理）。

如果已经接受了捐赠，情况会更加复杂，因为从法律角度来看，并非所有捐赠都能够无条件地退还。同时，新技术的发展，特别是"加密慈善"的兴起，为筹集资金带来了全新挑战。人们可以通过比特币或以太坊等加密货币进行捐赠。由于这些加密货币旨在保护用户隐私，接受

慈善有什么用？

图 3.3 伦敦蛇形画廊正门入口，刻有赛克勒家族的名字，2014 年
赛克勒家族长久以来以其慷慨的慈善行为与艺术赞助而广受赞誉。然
而，随着公众逐渐意识到其家族企业普渡制药在制造并加剧美国阿片
类药物危机中的角色，越来越多曾经接受过赛克勒捐赠的组织和机构
开始对"脏钱捐赠"产生伦理上的担忧。2021 年，与众多其他机构一
样，蛇形画廊也做出了移除赛克勒家族名字的决定，尽管画廊方面称
此举与其家族声誉并无关系。

加密捐赠的慈善机构在追溯资金来源时会遭遇切
实存在的困难，因为它们无法实施必要的调查程
序。例如，国际儿童救助会与"净水计划"曾在
2020 年遭遇此类困境，当时通过加密捐赠平台收
到的一笔 1 万美元的捐款，后来发现是黑客组织
Darkside 窃取所得。[11] 因此，脏钱捐赠在未来依然
是一个严重问题，甚至可能变得更加严重。

"世界上缺少的不是慈善，而是正义"

"脏钱捐赠"这一概念，折射出公众对通过不正当手段获取的财富的担忧，这种不公正无法通过捐赠来弥补。然而，一种更为根本的批评声音指出，所有的慈善都与正义存在矛盾，因为它根植于不平等和不公平的体制之中，却鲜少对这些体制发起挑战（有些人甚至认为，慈善可能阻碍更广泛范围的正义的实现）。这一观点可追溯至启蒙时代（尽管其思想根源更为深远），当时，传统宗教视贫困为上帝意志下自然秩序的一部分，但随后这一观念被新的世俗观念所颠覆，贫困被重新定义为社会结构性缺陷的产物。这一转变标志着贫困首次成为一个有待解决而非被动接受的问题。因此，正义的内涵也不再仅仅局限于维护现有社会规则的运行，而是要求构建更为公正的社会秩序。

要理解这些变化的原因，我们需要先来回顾人们对财产本质的看法——因为捐赠和慈善很大程度上是社会中"富人"与"穷人"之间的财产再分配，正如哲学家杰罗姆·施尼文德（J. B. Schneewind）所指出的那样，严肃的慈善思想史

图3.4 "仁慈之举：正如水能熄灭火焰，仁慈之举（伴随忏悔）亦能消除罪恶。"西奥多尔·盖莱（T. Galle）创作的版画，1601年
这幅雕刻作品中，前景是一群施舍者（负责向值得帮助的穷人分发金钱的教会官员），背景则是被洪水包围的诺亚方舟，周围是溺水的人群。画面引导我们对比慈善施舍的净化力量与《圣经》中上帝通过洪水洗净罪恶的故事。

与财产思想史密不可分[12]。对于中世纪的基督徒而言，上帝将财产散布于世间，一些人因此变得富有，而另一些人则相对贫困。富人并不被看作是财产的永久主人，而是财产的临时管家，并且肩负着通过施舍来适度回馈穷人的责任。正如托马斯·阿奎那在其经典著作《神学大全》(1485年)中所阐述的:"人虽拥有外物,然非为己有,实为共有之财;故当他人有需求时,他应慷慨与之分享。"[13]此外,贫穷者的存在被视为一件好事,因为他们更接近上帝(因此有句著名的教义:富人要进入天堂比骆驼穿过针眼还难),而且贫穷者的存在也给富人提供了通过慈善证明自己价值的机会。

启蒙运动带来了关于财产性质的新理念,标志着对中世纪时期认为财产反映上帝赋予的自然秩序这一看法的背离。这一过程中涌现了多种不同的思想流派。其中一种思想流派可以追溯到17世纪的雨果·格劳秀斯(Hugo Grotius)和塞缪尔·冯·普芬道夫(Samuel von Pufendorf),他们提出,在理解财产所有权的合理性时,不需要借助对上帝的信仰。财产也并非仅仅是人类制度创造的产物,而是深深植根于自然法和自然财产权之中,这些原则在任何人为的法律或权利体系之前就已存在。[14]17世纪的英国哲学家约翰·洛克(John Locke)无疑是这一思想流派最为著名的代表。他认为,财产权的根本在于个人有权通过自己的劳动从自然状态中开辟出一部分世界,并主张对其拥有所有权。[15]这一观点为接下来的一个多世纪中关于慈善和正义的讨论奠定了基础：捐赠到底是个人的选择还是义务？

一些自然权利的支持者，如格劳秀斯，认为慈善纯粹是个人选择：既然个体如今被赋予了财产的真正所有权（而非仅仅是作为管理者的角色），就没有什么能迫使他们必须捐赠。当然，如果他们愿意，可以这样做。然而，另一些思想家，如普芬道夫和洛克，则认为财产权仍然伴随着施舍的义务，只不过这种义务并不是明确具体的。因此需要他们区分两种重要的义务类型：第一种是完美义务，这类义务详细规定了义务的具体内容、受益人的身份，以及受益人在该义务中所享有的权利。第二种是不完美义务，它要求主体做出某种行为，但并未明确界定需要做什么或为谁做。在这种分类下，慈善义务被视为一种不完美义务。这使其区别于属于完美义务范畴的正义义务。

这种区分对启蒙时代出现的另一种关于财产性质的思想流派产生了重要影响。这个流派与洛克等人一样，认为财产分配不是上帝的直接安排，但它却提出了一种不同的自然权利观念，并坚信这种观念能够实现正义。实际上，有人认为，财富的不平等分配是不公正的，这反映了社会结构的深层缺陷，只能通过彻底的改革来加以纠正。在17世纪，这一观点的早期倡导者之一是英国宗教改革者、政治激进分子杰拉德·温斯坦利（Gerrard Winstanley）。他领导的"真正的平等派"（或称"掘地派"）汇聚了一群抗议者，试图通过实际行动来夺回那些原本属于公有但因圈地运动而被私有化的土地。他们认为，社会上实际存在着足够的土地资源，足以供每个人公平地使用和分享。[16]

对于像温斯坦利这样认为贫困和不平等是人为造成的人来说，穷人要求更公平地分配社会财富，不是在乞求施舍，而是在呼唤正义。此外，慈善作为一种不完美的义务和自由选择，本身并不能实现正义，甚至可能妨碍正义的实现，因为它只是在缓解贫困的症状，从而削弱了推动彻底变革的动力。这种观点在18世纪末逐渐成熟，并在众多杰出思想家的著作中有所体现。例如，女性权利运动先驱玛丽·沃斯通克拉夫特（Mary Wollstonecraft）曾宣称，"世界上缺乏的是正义，而不是慈善"。她指出，在富人听来，"人权像刺耳的杂音，令人不悦"，因此，"当穷人陷入困境时，富人或许会出于仁慈之心伸出援手。他们施以恩惠，但却无法实现正义"[17]。她的丈夫、政治哲学家威廉·戈德温（William Godwin）也对此表示赞同，他批评了当时社会所奉行的"宽容和慈善体系"，认为这不是真正的正义体系。在这种体系下，穷人往往被迫处于一种近乎奴役的状态中，他们将所获得的微薄帮助视为富人的恩赐和善意，而非自己应得的权利[18]。政治激进分子托马斯·潘恩（Thomas Paine）的著作深刻影响了美国独立战争的思想进程，他也明确表示自己追求的"不是施舍，而是权利，不是恩惠，而是正义"。他认为，"现有的文明状态既令人厌恶又不公正"，因此"应当对其进行一场革命"[19]。即使是通常不被视为激进分子的德国哲学家伊曼努尔·康德，也在他的《伦理讲座》中提出了类似的观点：

> 尽管我们有权按照法律条文和社会制度行事，我们可能仍在参与一种普遍的社会不公正。施舍给不幸的人，并非真正给予他们恩惠，而往往只是帮助他们取回因这个制度普遍不公正而被剥夺的东西。[20]

19世纪至20世纪初，慈善与正义之间的紧张关系持续成为作家与思想家们探讨的焦点。法国社会学家埃米尔·涂尔干（Émile Durkheim）曾写道："无论慈善多么具有强制性，它都不应违背正义的原则……当慈善与正义发生冲突时，正义应当优先。"[21]另一些人则认为，慈善和正义处于一种零和游戏中，一个的成功必然导致另一个的失败；法国小说家埃米尔·左拉（Émile Zola）写道："新希望——正义，终现于1800年徒劳慈善之后。"[22]不可避免地，关于慈善的讨论与对工人阶级权利的新认识紧密相连，构成社会主义辩论中不可或缺的一部分。例如，弗里德里希·恩格斯曾愤怒地严厉指责慈善机构，控诉这些机构"首先无情地榨取了无产阶级辛勤劳动的血汗，随后却以一种自鸣得意、虚伪至极的法利赛人式慈善来对待他们，这种慈善，往往只是将被掠夺者所应得权益的极小部分——可能仅仅是百分之一——归还给了受害者"[23]。奥斯卡·王尔德（Oscar Wilde）也指出，贫困者视慈善为"微不足道的补偿"，并质问"为何需对富人餐桌遗落的面包屑表达感激？"，他坚信"穷人理应到餐桌旁共享盛宴，是时候觉醒了"[24]。

慈善与正义的区分在20世纪变得更加重要，因为一系列新的社会运动在兴起，这些运动为之前被边缘化的群体奋力争取着新的权利。许多参与这些运动的人士和组织都曾受益于慈善，但他们认为，若慈善仅仅被视为一种随意的施舍行为，而非解决正义与权利问题的根本途径，那么这种支持便显得苍白无力，甚至可能产生反效果。民权运动的杰出领袖马丁·路德·金（Martin Luther King）在1963年便认识到了这一问题。他说了一句著名的话："慈善行为固然是值得歌颂的，但我们绝不可因此而默许正义的缺失，容忍权利的剥夺。"[25]其他人则更加激烈地指责慈善倾向于维持现有的系统和结构，从而阻碍改革及正义的实现，对此，作家兰斯顿·休斯（Langston Hughes）谴责道：

> 慈善的美丽笑脸——它给实行种族隔离的学校捐赠了百万美元，却不给那所学校的毕业生提供工作；它建设了一所设备二流的黑人医院，然后命令黑人病人和实习医生去那里，无论他们愿意与否。[26]

墨西哥萨帕塔原住民权利运动领导人曾说道："怜悯是一种侮辱，慈善是一记耳光。"[27]这一观点也被许多残障权利运动者所认同，他们敏锐地感受到慈善与正义之间的区别，因为残障人士长久以来往往被视为怜悯的对象（从而自然成为慈善活动的典型受益者）。从20世纪中期开始，残障社区内部出现了新的声音，呼吁残障人士拒绝慈善，转而要求作为公民的平等权利和代表权，提出了"要正义，不要慈善"和"没有我们，就不要做关于我们的决定"等口号。

从慷慨转向正义？

关于慈善与正义关系的辩论，持续塑造着公众对慈善目的及其实现方式的看法。像沃斯通克拉夫特和潘恩等思想家认为，仅仅依靠慈善是不足以实现真正的正义的，我们需要更深层次的社会结构变革来解决社会不平等问题。著名慈善批评家阿南德·吉里达拉达斯（Anand Giridharadas）在2018年的畅销书《赢家通吃》（*Winners Take All*）中将这一观点带给大众，他认为"慈善不是正义的代替品"。对于吉里达拉达斯及其他持相似观点的人来说，通常的解决方案是更有效地对富人征税，因为这样做可以增加国家资源，从而更好地服务于社会正义（这引出了慈善与税收之间的关系，这一议题将在第四章中探讨）。

也有人认同正义的重要性，同时也不主张完全放弃慈善，认为这种做法既不切实际，也不是我们想要的。他们提出，我们需要探究，为了实现正义，需要如何调整做慈善的方式。在这个光谱的极端，可能催生出对慈善目的的激进新解释。例如，政治哲学家基亚拉·科尔德利（Chiara Cordelli）就认为"慈善应首先承载着修复正义的义务"[28]。在她看来，个人（尤其是富人）有道德上的义务去捐赠，且捐款应被用于解决那些最初导致财富积累的不公正和不平等问题，但捐赠者需要保证对善款的去向不做个人指定。对于大多数既认可慈善社会价值又了解其运作机制的人来说，完全否定捐赠者的自由选择权似乎显得过于激进。相反，人们的关注点已经转向了一种折中的方法，即在充分尊重每位捐赠者个人选择的基础上，积极致力于构建一个更加公平和公正的慈善系统。这在福特基金会主席达伦·沃克（Darren Walker）2020 年的著作《从慷慨到正义：新财富福音》中得到了阐释。沃克在书中糅合了马丁·路德·金的社会正义愿景与安德鲁·卡内基的慈善精神遗产。他一再主张社会需要一种新的慈善方式，正义是这种慈善的核心目标。

那么，如何在实践中让慈善更有效地服务于正义呢？首先，我们需要解决之前章节中提到的脏钱问题。从个人角度来看，我们必须妥善处理接受捐赠的伦理问题，尤其是认可那些通过伤害他人获得财富的捐赠者所带来的伦理问题。而在系统层面上，我们需要正视财富生成体系中那段充满问题的历史，以及由此导致的不公正现象，同时关注那些至今仍在引发争议的财富来源。作家兼活动家埃德加·维拉努埃瓦（Edgar Villanueva）提出了"去殖民化慈善事业"的倡议，他呼吁我们正视并承认，许多慈善资产实际上都源自奴隶制、殖民主义以及白人特权的体系，因此要通过合理的捐赠来弥补过去不公正的历史。[29]

为了确保慈善促进正义，我们还需要将其与税收问题联系起来。只有在捐赠者已履行了应缴税款的情况下，慈善事业才可能是公正的。用之前的话说：我们首先需要通过缴税来履行对社会的"完美义务"，然后再通过捐赠来履行"非完美义务"。此外，我们还可以自愿捐赠超出任何义务要求的部分，这种行为被称为"超越义务的捐赠"。然而，仅仅缴纳现有税款可能不够，如果现行的税收制度未能有效地解决不平等问题，那么那些正义导向的慈善家就需要发起提高税收的呼吁。这正是"爱国百万富翁"（Patriotic Millionaires）和"支持人类发展的百万富翁"（Millionaires for Humanity）等团体所做的事情：他们集结了众多富人，其中不乏慈善领域的重要捐赠者。他们认为，除了继续通过捐赠来回馈社会外，还应该缴纳更高的税额。2020年，"支持人类发展的百万富翁"在应对新冠肺炎疫情挑战时发布了一封公开信，由来自世界各地的83位富人签署，信中主张：

> 新冠肺炎疫情所暴露和引发的问题无法仅靠捐赠来解决，无论捐赠有多么慷慨。政府领导人必须承担起筹集必要资金并确保其公平分配的责任。我们可以考虑对全球最富有的阶层——包括我们自身在内——实施永久性的增税，以确保医疗体系、教育体系以及安全系统能够得到充足的资金支持。[30]

将慈善作为社会正义的工具，既关乎我们支持什么，也涉及我们如何支持它。尽管慈善是一种选择而非权利，但这也无碍于用它支持那些推动现有体系和结构根本性改革的组织和社会运动，或支持为边缘化群体和社区争取新权利。慈善在历史上往往（虽然并非总是）就扮演了这样的角色。以英国18世纪末至19世纪初的反奴隶制运动为例，这一运动严重依赖慈善的支持。它不仅得到了如酿酒商托马斯·福威尔·巴克斯顿（Thomas Fowell Buxton）和知名统计学家扎卡里·麦考莱（Zachary Macaulay，即后来历史学家兼政治家托马斯·巴宾顿·麦考莱的父亲）等社会名流的资助，更重要的是它还得到了普通捐赠者的广泛支持。确实，历史学家大卫·欧文（David Owen）指出，"至少在后期阶段，这场运动的主要支持者大部分是处于中等或温饱水平的人们"[31]。同样，慈善在20世纪初美国妇女运动的发展中也发挥了关键作用。历史学家琼·玛丽·约翰逊（Joan Marie Johnson）指出，"选举权只有在富有的女性提供大量捐款后才得以实现"[32]。

慈善资助在社会运动早期发展阶段往往尤为重要，因为资助者可以通过支持那些不被关注或公众意识较低的议题来挑战现状。慈善不仅提供了资金，还可以提升边缘问题的主流合法性。这种合法性与其财力资源同等宝贵。此种"慈善软实力"在推动边缘问题主流化方面起关键作用，确保社会运动推动法律、政策和公众舆论的变化，最终让社会变得更加公正平等。

我们也需要保持谨慎态度，避免过分夸大慈善的作用。尽管有许多慈善行动推动了社会进步，从废除奴隶制到同性恋非罪化等，但在整个慈善领域中，专注于社会正义的慈善占比较小。即使有时慈善看似专注于正义事业，过程却不一定顺利。一些批评者指出，当大规模、资金充足的资助者与较小规模、资源有限的社会运动合作时，资助者可能会无意中偏离运动的初衷，甚至削弱其核心力量（即使这并非资助者的初衷）。这个现象被称作"运动捕获"。政治学家梅根·明·弗朗西斯（Megan Ming Francis）对20世纪初的加兰基金（Garland Fund，美国公共服务基金，当时进步的慈善基金之一）与全国有色人种协进会（NAACP）之间的互动进行了研究。她发现，两者之间就存在"运动捕获"，加兰基金利用资金作为杠杆影响了NAACP的议程，将其关注点从种族暴力问题转向于教育领域，而这一过程恰好发生在民权运动的关键时期。[33]其他学者，如卡伦·弗格森（Karen Ferguson）和艾丽斯·奥康纳（Alice O'Connor）也注意到，类似问题在福特基金会资助20世纪60年代的民权运动时也出现过。[34]

因此，慈善资助者与社会运动之间的互动充满了挑战，若要确保慈善能真正推动社会正义，亟须解决这些问题。其中一个重要方面是要认识到，我们不仅需要向受助组织和直接受影响的社区提供资金，更关键的是赋予他们权力。我们的传统慈善模式多源于19世纪和20世纪初的家长式方法，并不一定适合这种情况。这些模式需要改变。一个可能的方向是不用限制性、项目化的资金资助模式，因为该模式限制了受助组织在资金使用上的自主权。相反，应当采用基于信任的捐赠方法，为受助组织提供无附加条件的资助。这样做的原因在于，捐赠者相信只有受助组织自身才最了解应该如何有效运用资金以实现目标。更为激进的是，越来越多的慈善资助者正在尝试参与式拨款方法，这一方法赋予了传统上被视为被动受益者群体在资源分配决策中的参与权。这并不是一个全新概念，例如马萨诸塞州波士顿的干草市场人民基金（Haymarket People's Fund）1974年成立以来就一直在使用参与式方法。然而，这类方法仍然属于少数派。尽管近年来关于参与式拨款的讨论有所增加，但言辞与现实之间依然存在明显差距。这种方法不是解决所有问题的万能药，不过，它确实有潜力成为把慈善从单纯施舍转向追求正义的重要举措。

4

慈善还是国家财政?

　　契诃夫1891年曾写道,"在我看来,慈善事业并非万能……将至关重要的任务寄托于慈善,实为有害之举。我更倾向于这些事务由国家财政来支撑"[1]。此言揭示了关于慈善目的的核心议题:国家应在何种程度上承担起满足公民福利需求的责任,而又有哪些领域是可以,甚至应当留给志愿行动去填补的? 多年来,对于这一问题的莫衷一是,映射出对社会本质的不同理解及政治意识形态间的深刻分歧。为了理解这些不同视角及其对我们思维的塑造作用,我们有必要追溯慈善与国家关系的历史脉络:二者时而携手共进,时而互相抵牾,它们之间的关系从未呈现过清晰的面貌。

国家财政与慈善——是对手还是伙伴？

政治光谱中的各方时常将慈善与国家供给的关系描绘成一场零和博弈，仿佛一方的壮大必然伴随着另一方的削弱。小政府理念的拥护者坚信，政府的扩张会压缩志愿活动的生存空间，因此，如果减少税收和公共支出，慈善事业将会蓬勃发展。相反，那些主张国家应扮演更积极角色的人则认为，慈善在规模和资源分配上均显不足，唯有通过政府增加税收和支出，方能解决这一问题。诚然，这两种观点各有其合理之处，但并非完全正确：慈善与国家福利制度已共存了数百年，二者互相塑造着彼此。

关于国家福利责任问题真正具有意义的探讨始于大约16世纪（至少在英国是这样的）。在此之前，据英国慈善事业研究领域的先驱之一本杰明·柯克曼·格雷（Benjamin Kirkman Gray）所述，国家的核心角色主要是"通过最大化财政收入以巩固权力"，并且"尚未将促进全体国民福祉视为自身的职责"。[2]彼时，保障福利的责任主要落在家庭与教会的肩上，或是以非正式的形态存在，或是通过济贫院、修道院及医院等地方性机构得以实现。宗教改革后，修道院的大量资产被剥夺，对既有的福利体系造成了重创。至16世纪末，随着原有支持体系的瓦解，贫困问题日益凸显，迫使政府不得不采取行动，相继颁布了1598年与1601年的《济贫法》。国家供给与慈善事业之间的紧张关系，自其萌芽之初便植根于这一既定模式之中。1601年，《济贫法》与《慈善用途法令》并行颁布，表面上意在解决慈善信托问责制的问题，然而，历史学家詹姆斯·费什曼（James Fishman）认为，它们是都铎王朝政府一个重要手段，通过"慈善捐赠的力量来纾解贫困问题，进而规避了在教区强行征税这一不受民众欢迎的做法"[3]。

随着时间的推移，国家虽不情愿，却也逐渐接受并承担起了更多满足社会福祉需求的责任。其间，诸如流行病、饥荒与战争等突如其来的危机也加速了国家角色的转变。W. K. 乔丹（W. K. Jordan）写道："这些灾难性的流行病使国家更加了解自身的资源，并使其意识到，需要立即采取行动缓解瘟疫导致的贫困，以免引发更广泛的社会动荡"[4]。从更宏观的角度来看，城市化和工业化的快速发展改变了贫困的规模和性质，以及公众所面临的挑战。这成为推动国家增强福利责任的重要因素之一。特别是在1801年人口普查制度实施后，如本杰明·柯克曼·格雷所言："国家一旦开始了解民众的生活状况，就再难以对民众困苦视而不见了。"[5]我们在第二章中已经了解到，城市化自18世纪以来便成为推动志愿组织新模式发展的核心因素，这催生了一个富有意义的公共领域，使得公民能够在脱离国家和教会直接控制的环境下，自由地开展各类活动。随着民间新兴社会组织数量的急剧增长，即便国家在社会福利方面的责任日益加重，它依然谨慎地将主导权让渡给慈善事业；1952年内森委员会（Nathan Committee）的报告中写道："国家的作用在于填补慈善未能触及的空白区域，而非要求慈善来填补国家留下的空缺。"[6]历史学家帕特·赛恩（Pat Thane）进一步指出，即便国家涉足新的社会领域，其策略也往往不是直接干预，而是资助现有的志愿组织开展这类开创性的工作。[7]这种角色定位被视为最理想的模式，尤其是在维多利亚时代。《泰晤士报》1856年的一篇社论赞扬了英国人这种情怀：

在诸多令英国人深感自豪的特质中，鲜有能如英国那庞大、多元且资源丰富的慈善事业一般，如此恰如其分地激发他们的爱国情怀。在众多国家中，那些通常由教会或国家层面集体承担的任务，在英国往往是由个人出于自愿的善举来完成的……在英国，政府很少很少主动发起大规模的慈善项目，政府倾向于耐心等待，让私人企业和个人为慈善事业贡献力量。[8]

随后，在19世纪末至20世纪初，社会上开始广泛质疑，是否应该放弃维多利亚时代那种通过慈善来满足社会福利需求的宏大项目，或者至少通过大幅增加国家参与来加以补充。20世纪初的自由党政府显然认同了这一种思路，并颁布了《1911年国家保险法》，该法案引入了国家养老金制度，旨在解决老年贫困问题。自由党依然珍视志愿行动，力求确保这些行动不会被国家行动所取代，但对于工党运动中的所有人来说，情况未必如此。许多工党成员对慈善和捐赠持更加批判的态度，如工党知识分子哈罗德·拉斯基（Harold Laski）在20世纪40年代所言："解决社会问题，最好不要让仁慈的女士、热心的多管闲事者或是将医院视为嗜好的股票经纪人参与。"[9]这样的观点在战后工党政府上台后，通过如阿奈林·贝文（Aneurin Bevan）这样的政界人士逐渐成为主流。贝文对慈善事业的反感显而易见，将其贬斥为"地方家长作风的拼凑物"，并在下议院直言不讳："在一个文明的社会里，医院等关键服务依赖于私人慈善来维持令人感到不齿。"[10]许多福利国家的核心设计者，如威廉·贝弗里奇（William Beveridge），原本设想志愿行动与慈善在福利体系中将继续扮演重要角色。实际上，1952年的内森委员会报告也指出："显然，议会不仅无意排除志愿努力，反而期待并计划促进慈善组织与公共部门之间的紧密合作。"[11]然而，贝文并未采纳这一建议，他在推动《1948年国民医疗服务法》的立法过程中，确保了该法案最终呈现出高度的中央集权和国家控制特征，远超预期，几乎将慈善组织排除在了这一体系之外。

并非工党全体成员均对志愿行动抱有贝文般的反感。例如，首相克莱门特·艾德礼（Clement Attlee）对此就更开放且正面，他认为"这个国家永远不会成为一个排他且企图包揽一切的全能国家……即便我们构建了广泛而全面的公共服务体系，那些能够赋予我们国家生活更多人性化色彩，并将关怀从社会整体层面延伸至每一个个体的志愿服务活动，都将始终占有一席之地"[12]。随着国家供给体系中的漏洞与不足日益凸显，那些曾预言慈善事业会作为全民福利国家前奏而走向终结的论断，显然被证明言之过早。相反，慈善事业在积极塑造自己的新角色。有时，慈善组织选择与政府携手合作（尽管现在只是政府的次要伙伴）；有时，它们找到并填补国家供给的空白；还有的时候，它们专注于倡导与宣传，挑战福利国家的不足之处。进入20世纪六七十年代，社会变革催生了新的行动主义精神与广泛的参与需求，慈善的这一倡导与宣传角色变得愈发重要。这促成一系列致力于特定社会问题的倡导组织的诞生，如关注住房与无家可归者问题的慈善机构"避难所"以及"儿童贫困行动小组"。

在20世纪80至90年代，公共部门外包的兴起为国家与慈善组织之间的关系开辟了全新的维度。志愿组织参与社会福利供给的理念再次受到重视，但它们不再仅仅以独立或与国家并行的方式运作，而是越来越多地通过与国家签订合约来提供各项服务。这标志着，原本主要由志愿部门引领和主导的慈善需求的识别与满足过程，现在正在转向国家层面。这也促使志愿组织与商业服务提供商之间的竞争加剧；在这种环境中，决策往往基于成本考量，而非价值考量，在面临恶性竞争的情况下服务质量可能有降到底部的风险。

在英国，国家与慈善事业之间的关系演进呈现出三个鲜明的发展趋势：一方面，慈善组织持续填补国家未触及或未充分承担的责任空白，涵盖了一些出人意料的领域，如临终关怀服务和救生艇服务；另一方面，在部分领域内，慈善组织选择将服务供给的主导权让渡给国家（它们依然在评估国家提供的服务方面发挥着重要作用）；此外还有一些领域，慈善组织与国家合作以满足福利需求（越来越多地扮演着合同服务提供者的角色）。

今日的慈善与国家福利

刚刚讲述的故事主要聚焦于英国，其他国家的历史和现状可能会有显著不同。在古巴或老挝等地，政府仍然控制着公民生活的多个方面，包括福利需求的满足，留给民间社会和慈善事业的空间相对有限。相比之下，在中国等地，随着社会和经济的发展，慈善事业迎来了增长。这种增长在一定程度上被国家鼓励，但同时国家也希望对其加以控制，以便将其塑造成更为符合国家利益的形式。而在另一端，一些国家则认为慈善事业比国家供给更为可取。尤其是美国，其强烈的个人主义倾向和对政府的怀疑，促使人们更倾向于依靠慈善而非国家。

尽管各国之间存在差异，一个核心问题始终存在：慈善事业在国家福利体系中应该扮演什么角色？尽管没有单一的答案，因为不同的意识形态、文化和历史必然会导致观念的分歧，但我们仍能分辨出主要的选择方向。首先，慈善事业是否应该被视为国家供给的直接替代品？历史上确实有过这种情况，特别是在最近的经济困境和财政紧缩的时期，慈善事业有时不得不出来填补空白。2014年的美国底特律就是一个极端的例子。作为旨在帮助这座城市免于破产的"重大交易"的一部分，一众慈善基金会承诺提供高达8.16亿美元的资助，以防止公共艺术品被出售，同时保护市政工人的养老金不受侵害。[13] 在这种情况下，对于财政紧张的公共机构来说，将慈善视为一种能够迅速缓解政府开支压力的"神奇资金来源"，无疑充满了极大的诱惑力。然而，这样的想法却是一个错误。

维多利亚时代的英国，主要通过慈善来满足福利需求，最终以失败告终。1905年，本杰明·柯克曼·格雷在评估这一状况时写道："私人个体满怀信心地承担起公共职能，政府亦乐于放手，然而，实践证明，这一努力成效甚微，远远未能填补需求的鸿沟。"[14]时至今日，那些寄望慈善能替代公共支出的人同样感到沮丧，慈善在规模与资源分配上的天然局限性，注定了它难以担此重任。即便是全球顶尖的慈善家，也认识到了这一局限性。相对于公共支出，比尔·盖茨曾将慈善事业比作"微不足道的数字"[15]，而迈克尔·布隆伯格（Michael Bloomberg，一位兼具慈善与公职经验的智者）则直言："所有亿万富翁的捐赠总额，与政府庞大的支出相比，几乎可以忽略不计。"[16]同样，慈善资金的流向往往难以精准对接公共支出的社会需求。这并不令人意外，因为慈善本质上是关于捐赠者的个人选择，而这些选择受多种因素的影响，包括成长背景、宗教信仰和生活阅历等。这种多样性在许多层面上构成了一种优势，因为捐赠者自愿提供帮助这一行为本身的影响力就不容小觑。但这也意味着慈善事业无法在系统层面提供一致性或公平性，也不能有效地匹配供给与需求——这些特征是我们公共支出所致力于实现的目标。因此，慈善并不能成为公共支出体系的有效替代方案。

若慈善无法完全替代国家福利，那么它应当扮演何种角色呢？回顾英国的历史，慈善组织通过灵活调整，专注于填补国家福利体系中的空白，并通过积极的倡导与社会运动，对既有的福利政策提出挑战，这在当今仍然意义深远。慈善不仅通过言语倡导，更以实际行动来影响国家。民间社会组织不仅呼吁变革，更示范了多样化满足社会需求的新路径。实际上，慈善在推动创新方面的能力，往往被视为相较于国家机制的一大关键优势（关于这一点，我们将在后续章节中深入探讨）。这种优势体现在多个层面，一方面，慈善组织可以探索更为高效的方法来提供国家已有的服务，比如服务整合与个性化定制——在这方面，志愿组织由于能够跨越公共部门常有的地理界限与部门壁垒而展现出优势。另一方面，慈善组织还具备发现全新服务需求的能力，进而激励国家机构紧跟公民需求，并做出必要的调整。正如威廉·贝弗里奇所说，虽然"民主社会确实拥有能力，也理应承担起责任去实践那些过去主要由富裕阶层出于公共利益考量而开展的活动"，然而，一个挑战始终横亘在前，那就是"如何激发并引导民主社会为那些新兴且可能尚显陌生的需求投入资源"[17]。

从英国慈善与国家关系的历史脉络中，我们还能得到另一个相关观点：在重大危机时刻，如战争和疫情，公众对福利责任的认知往往会发生深刻转变。例如，十六七世纪频发的瘟疫暴露了志愿慈善服务的局限性，于是带来了更多的中央集权与国家干预；而在20世纪，两次世界大战进一步强化了人们的集体主义观念，为福利国家的最终建立铺平了道路（正如我们所见，这对慈善的角色产生了重大影响）。时至今日，2020年爆发的新冠肺炎疫情再次将类似的问题推向了风口浪尖。在英国，99岁高龄的退伍军人汤姆·摩尔（Tom Moore）上校，通过绕行花园的筹款步行活动，成功筹集了超过3000万英镑的善款。与此同时，公众开始质疑将慈善捐款用于支撑国家医疗服务体系（NHS）的必要性，毕竟NHS一向被视为国家福利的典范。之所以产生这种质疑，部分原因在于，许多人并不清楚，众多慈善机构长期以来就已经在国家医疗服务体系内发挥了相关作用，例如填补该体系的空白和提供增值服务，而这显然触动了公众的敏感神经。

新冠肺炎疫情在全球范围内催生了一系列共性问题，特别是关于慈善与国家应对机制的相对效能，以及如何解决未来社会的需求。对一部分人而言，这场疫情无疑彰显了慈善的灵活应变与高效响应能力。疫情期间，资助方与慈善组织迅速对需求做出反应，从服务社区前线到推动疫苗研发，在多个关键领域发挥了重要作用。然而，另一部分人则认为，面对如此大规模且复杂的挑战，只有国家层面的行动才能胜任。资源分配的不均衡以及全球疫苗分配不公的问题，再次暴露了依赖慈善的风险。未来几年，气候危机及其影响，加上社会和地缘政治规范的破裂势必会引发更多全球性危机，这些紧张局势只会进一步加剧。因此，我们必须正视国家与慈善之间的界限问题，才能准确理解慈善的真正作用。尽管这个问题可能没有固定答案，但可以确定的是，随着时间的推移，这些界限也将不断变化。

税收

为了支持各项支出，政府需筹集资金，其主

要途径便是税收。但如果我们设想慈善事业能与国家合作以增进社会福利，这又如何在税收体系中体现呢？部分观点认为，税收体系中不应体现慈善，税收与慈善应完全分开。持这种观点的批评者认为，个人有权选择是否进行捐赠，但前提是必须先履行纳税义务。慈善捐赠不应成为少缴税款的借口，也不应享受国家给予的任何税收特殊优惠。这正是1922年英国财政大臣罗伯特·霍恩（Robert Horne）爵士所阐述的立场，他明确表示：

> 慈善捐赠应在一个人履行了他的基本义务之后进行。普通人的慈善捐赠是指在缴纳了所得税之后进行的捐赠。他作为国家的公民缴纳所得税，而他所做的慈善捐赠则是他自己所放弃的部分钱财——这才是真正的捐赠，或者说，唯一值得称颂的捐赠。[18]

实际上，当今世界绝大多数国家不仅接纳慈善，还通过税收优惠来鼓励慈善。为什么会这样？政治哲学家罗布·赖希（Rob Reich）将其背后的多重考量归纳为三大类。[19]首先是"税基合理性"理论。根据这一理论，慈善捐赠的税收激励实际上并非对税收的"减免"。任何慈善捐赠都应该从个人收入中扣除，以便准确计算应纳税收入，因为我们应仅对个人的消费或财富积累征税，而捐赠出去的钱既不属于消费，也不构成财富积累。本杰明·迪斯雷利（Benjamin Disraeli）在1863年的一场关于慈善税收的议会辩论中指出，"（慈善捐赠的）税收减免不是特权，而是一种权利"[20]。——不过，他这样说也有可能只是想惹恼其长期政治对手威廉·格莱斯顿（William Gladstone），后者持相反意见，并刚刚提出了限制慈善税收特权的措施。税基合理性这一观点的缺陷在于，它仅仅考虑了钱被捐赠出去这一事实，而忽略了捐赠的目的。也就是说，它未能区分慈善捐赠与被大多数人认为不应该享受税收减免的捐赠（例如捐赠给家庭成员或政党的款项）。有人可能会认为，慈善捐赠因其利他或无私的本质而独具一格，但这一点很难证明。捐赠行为，本质上仍属于个人对其财富的自由支配，捐赠者往往能从中收获诸多益处。这些益处既可以是有形的（例如以捐赠者名字命名的博物馆展厅），也可以是无形的（例如捐赠带来的温暖的幸福感与个人

图4.1 《致看台专家的一句话》，载于《帕克》杂志，塞缪尔·厄尔哈特绘，1903年6月3日

在这幅漫画中，帕克紧紧拽着安德鲁·卡内基的外套，而卡内基与约翰·洛克菲勒正忙着将一袋袋的金钱堆砌在标有"名声"二字的雕像基座旁。他们通过捐赠图书馆和大学来追求名声。帕克暗示，他们若能为诸如"肺病疗养院"这样的地方捐款，可能会带来更多的实质性帮助。这幅漫画反映了人们对巨额慈善行为的看法，认为其往往出于追求声誉和社会地位的动机。

成就感）。

慈善税额减免的第二个宽泛的理由是"补贴理论"，1939年美国众议院的一份报告清晰阐述了这一理论，报告指出：

用于慈善及其他公益目的的资金或资产免税，其理论根据在于：政府通过减轻财政

慈善有什么用？

负担（否则这些负担将不得不通过公共资金拨款来承担）补偿了税收损失。[21]

依此逻辑推断，慈善捐赠的税收减免之所以被视为合理，其根源在于，放弃的税收实际上转化为了公共产品与服务。这再次印证了我们先前探讨的观点，慈善不应被视作公共支出的替代品，因其规模有限且分配机制难以满足广泛需求。尽管这一分析清晰地表明了应当拒绝"补贴理论"，但遗憾的是，立法者和政策制定者在考虑慈善税收减免问题时，往往还是会有意或无意地受到某种形式的补贴理论影响。

鉴于前述理由均难以成立，我们最终转向"多元化理论"这一视角。该理论同样将慈善税收减免视为一种补贴，但其目的并非直接补助具体服务或成果，亦非为了填补政府服务的空缺，而是为了促进健康、多元公民社会的形成与发展。现在，慈善捐赠是否与公共支出匹配已经不再那么重要，反而被视为一种优势。因为，若我们能摒弃将慈善仅仅看作公共支出的替代品的观念，我们便能期待它触及公共支出无法全面覆盖的多个领域（尽管在某些方面两者间难免有重合的部分）。采用多元化理论的另一个好处是，它为税收减免政策向那些政府无法触及的慈善领域延伸提供了坚实的理论依据，甚至有助于推动深层次的结构改革。这一论点的合理之处在于，政府认识到一个充满活力的公民社会的内在价值，尤其是在监督权力方面发挥的关键作用。虽然从理论上认可这一价值比在执政时直面批评要容易得多，但这也说明了政治家应具备的素质——他们需要有成熟且长远的眼光，致力于维护和促进健康的民主，而非仅仅着眼于短期内的个人安逸。

当多元化理论为慈善捐赠享受税收减免奠定了理论基础，我们仍需直面实践层面的挑战：这些税收减免应采取什么形式，以及如何确保它们的有效性？在形式方面主要有两种选择：税收扣除（即计算税款时从捐赠者的应税收入中扣除部分或全部捐赠额）和税收抵免（即将部分或全部捐赠金额直接从捐赠者的应缴税款中抵扣）。以美国为例，作为全球最有影响的慈善市场，其税收政策中设有慈善捐赠扣除机制，这一做法在国际上也较为普遍。经济合作与发展组织（OECD）发布的关于税收与慈善的报告指出，在深入调研的40个国家样本中，有22个国家明确为慈善捐赠行为提供了税收扣除的优惠政策，而提供税收抵免政策的国家仅有12个。[22]除此之外，还有一些独特的税收减免模式。以英国为例，"礼物援助"（Gift Aid）就是一种将税收抵免和税收扣除相结合的方式。对于基本税率的捐赠者，其减免部分会直接支付给受赠的慈善机构，而对于高税率的捐赠者，则通过自我评估的方式为他们提供更为个性化的税收扣除。

一般而言，税收扣除管理流程更加简便，而且也更容易理解，但这种机制可能会以公平性为代价产生所谓的"倒挂效应"，表现为：高收入者从税收扣除机制中获益更多，因为他们本应支付的税率更高。在美国，这一现象尤为突出，因为慈善捐赠扣除仅适用于提交详细列举申报的纳税人，而这类纳税人往往与房屋所有权及高收入有关。此外，美国始终向所有纳税人提供更广泛的"标准扣除"，其中将慈善捐赠与其他多种支出项目一并考虑。近年来，随着标准扣除额度的显著提升，纳税人专为慈善捐赠而寻求额外税收优惠的动力明显降低。据2019年两位经济学家的研究，申报慈善捐赠扣除的纳税人比例已经从原先的约25%这一较低水平，再一步滑落至仅有8.5%。[23]

这揭示了政府在设计慈善捐赠税收优惠政策时所面临的另一重挑战，即如何确保政策的有效实施。当然，政策有效性的评估，核心在于明确政府的目的：是旨在扩大捐赠者基数，促进更多人的慈善参与，还是激发既有捐赠者的捐赠潜力，促使他们增加捐赠额度？如果目标是扩大捐赠者基数，那么当前较低的捐赠参与度无疑构成了政策有效性的主要瓶颈；如果目标是后者，则必须审慎考察现有激励措施是否切实促进了捐赠总额的增长。虽然没有确凿的经济证据，但研究表明，捐赠行为对税率的变化反应相对不敏感（意味着税收政策的调整可能并非刺激捐赠增长的关键杠杆），因此，我们需保持谨慎，避免过高估计其实际效果。此外，我们也需谨防一种风险，即奖励那些本来会进行捐赠的人，实际上是在浪费纳税人的钱。因为这些捐赠行为本来就会发生，奖励可能不会被视为合理的公共资金使用。或许，回归之前关于多元化的讨论，税收激励的核心价值可能并不直接体现在所筹集资金的具体数额上，而是作为一种信号，彰显政府对健康、多元化民间社会重要性的认可。如果确实如此，那么每个政府都应认真思考这一价值对于他们而言是否重要，并据此确定应为慈善捐赠提供多少税收激励。

5

慈善还是民主?

慈善基金会"与民主社会的整体理念背道而驰",[1]这是1912年单一神教派牧师约翰·海斯·霍尔姆斯(John Hayes Holmes)在美国国会工业关系委员会作证时所宣称的。然而,1952年英国的内森委员会报告则持有截然相反的观点,认为"缺乏这样的渠道和对志愿服务的需求,民主国家将难以有效运作,更遑论教育其公民践行民主"。此外,这份报告还进一步将志愿服务比作"民主的摇篮"[2]。那么,究竟情况如何呢?慈善到底是绕过和颠覆人民意志的反民主威胁,还是健康民主制度中能够确保多元化并促进公民参与不可或缺的组成部分?这一问题的答案并不明确,也引发了一系列具有挑战性的问题,是否应同等对待所有捐赠模式？为确保慈善持续发挥积极作用，我们应该如何在尊重捐赠者自由的同时给他们设立适当的限制？

慈善是否削弱了民主？

针对慈善的一项主要批评是，富裕阶层可能利用慈善作为规避民主机制、影响公众舆论和塑造公共政策的途径，从而在社会中植入"富人偏见"。正如1915年美国国会工业关系委员会主席弗兰克·沃尔什（Frank Walsh）所警示的那样，"那些被冠以基金会之名的庞大慈善信托，似乎正威胁着社会福利的根基。"[3] 与经选举产生的官员或政治家不同，慈善家们往往无需对任何人直接负责。政治哲学家罗布·赖希（Rob Reich）也写道："大规模的慈善行为，往往是不负责、不透明，由捐赠者单方面主导并且可以永久行使权力的。在崇尚政治平等的民主社会中，这样的现象至多可以说是勉强存在"[4]。

这段批评中，值得注意的是，形容慈善时使用了"大规模"这一词，因为它明确指出批评的对象是精英阶层的慈善行为，而非普通人的捐赠

图5.1 英国首相戴维·卡梅伦与慈善家梅琳达·弗伦奇·盖茨及年轻人在2012年伦敦家庭规划峰会上的合影

政客们常常热衷于与知名的慈善家建立联系。对于慈善家而言，这是一个能够就他们关注的政策与议题发声的机会；而对于政客来说，这不仅可能为他们的工作带来额外的资金支持，还能增添名人效应的光环。然而，批评家却担心，富人通过慈善事业这一渠道来行使政治影响力的做法，可能会对民主造成威胁。

（甚至不包括那些相对富有的人）。"不透明"这一词也至关重要，近年来，特别是在美国，慈善逐渐演变成了一种渠道，通过非营利性倡导组织及智库网络，"黑钱"得以悄无声息地渗透进公共领域及政治领域。许多关于慈善改革的呼吁不约而同地聚焦于提升透明度和加强公开性的需求之上。

赖希使用"永久"一词也是有意为之，因为

长期以来，人们对永久捐赠基金在民主社会中的作用提出了特别严厉的批评（这种结构允许慈善资金无限期存续，并通过投资收益发放捐款）。批评者认为，这种做法导致了不公正，因为它赋予了富人通过组织化手段固化个人偏好与价值观的权力。这种影响力不仅贯穿其生命始终，还延续至子孙后代。"捐赠者的永恒之手"（捐赠者的死后控制）不仅在原则上令人反感，在实践层面也遭遇质疑。因为随着基金存续时间的延长，其最初设立的宗旨往往变得模糊，乃至可能完全偏离初衷。

法国经济学家安-罗贝尔-雅克·杜阁（Anne-Robert-Jacques Turgot）在18世纪末发起了针对永续捐赠基金的首次抨击，他主张：

> 公共利益是至高无上的原则，不应屈从于对所谓创始者意图的盲目尊重。仿佛那些无知且局限的个人有权将他们的一时兴起强加给未来世代……因此，我们应当得出这样的结论：没有哪一项人类的工作能够永恒不变，而如果基金会任由虚荣心驱使不断膨胀，最终将可能吞噬社会的财富与私有财产。我

们必须具备能够阻止它的能力。[5]

19世纪的杰出哲学家约翰·斯图尔特·密尔（John Stuart Mill）对这一问题的立场就相对温和。他认为，尽管捐赠基金不应被永久性地固化不变，但允许其在一定时期内存在，或至少在捐赠者有生之年存续是合理的，因为这样能够促进公民社会的多样性和实验精神。[6]然而，举起批评"永续捐赠基金"的大旗的是19世纪的英国法官亚瑟·霍布豪斯爵士（Sir Arthur Hobhouse），他成为这一议题上的主要反对声音，并出版了书籍《永恒之手》。[7]霍布豪斯指出，允许永续捐赠基金的存在，意味着"我们承认，任何人，无论其多么自私或愚蠢，都假定可以预测并规划所有未来需求"，并且"若因此引发问题，也实属意料之中"。他甚至还讽刺道，"如果执行这些行为既不需要智慧，也不需要公共精神或自我克制，那么其结果的贫乏也就不足为奇了"。

进一步巩固霍布豪斯论点的有力证据是，至19世纪中叶，伦敦已经因为沉睡的教区信托基金而不堪重负。这迅速成为改革倡导者热议的焦点，他们认为，在一个贫困问题尤为严峻的时代背景

图 5.2 《坟墓外的虚荣》，N. 盖拉尔（N. Guérard），版画，
1715 年
死亡和对遗产的关注长期以来在慈善中扮演了重要角色。图中，在一
位富人临终之际，他的遗嘱被宣读，其中详尽列出了诸多慷慨的慈善
捐赠计划。图下方的一首诗《时尚的遗嘱与欢乐的哀悼》（未展示）
中写道：临终之际的慷慨馈赠，常常显露虚荣之心。亲近上帝难以增
益，欲求善终者，应早早将恩惠撒向天堂和邻里。

下，如此巨额的资金被禁锢在目标狭隘且与时代
脱节的信托基金之中，以至于可能永远无法发挥
其应有的作用，这在道德上是难以接受的。据报
道，曾有一个信托基金专门提供资金以在伦敦市

区的科恩希尔街杀灭瓢虫，还有一个信托基金用于购买木柴以焚烧异教徒（这种需求在维多利亚中期已经不复存在了）。[8]

在20世纪初的美国，随着镀金时代巨型基金会的涌现，对永续基金的忧虑情绪进一步加剧。当约翰·洛克菲勒提出利用其庞大财富创立一个永续基金会的构想时，一家报纸尖锐地指出："正如中世纪修道院的巨大影响力在很大程度上基于不可转让的财产及其使用权，这些私人法人基金会如果永续存在，恐将滋生一种极为反社会、反民主的力量。"[9]一些捐赠者对此表达了他们的忧虑，西尔斯-罗巴克公司（Sears & Roebuck）的首席执行官、知名慈善家朱利叶斯·罗森沃尔德（Julius Rosenwald）尤为鲜明地表明了他的立场："反对任何目的上的永久性赠款。"因为"尽管慈善的本意在于行善，但永续性捐赠往往会产生负面效果"[10]。与他同代的摄影先驱、制造商乔治·伊士曼（George Eastman）则更犀利地批评了永久性捐赠的观念，他直言不讳地说："在我看来，那些将财富留给后人随意支配的人都是傻瓜。"[11]罗森沃尔德和伊士曼也以实际行动践行了他们的理念，确保他们各自创立的基金会具有有限的生命周期，这或许正是他们的知名度相较于那些名字仍被大型基金会铭记的慈善家较低的原因。

关于慈善的永续性和时间跨度的讨论至今仍如火如荼。支持永续性基金的阵营坚信，这一模式使慈善事业能够从长远角度进行规划，这在当前政治经济周期日益趋向短期化的背景下显得尤为珍贵。然而，反对者也一直关注捐赠者"永恒之手"的问题，认为永续性基金可能加剧慈善领域的反民主倾向，削弱其作为推动社会公平有力工具的作用。近年来，这些论点变得更加激烈，因为应对如新冠大流行和气候危机等重大挑战需要更快地调动基金会资源，包括那些目前被锁定在永久性基金中的资产。与此同时，新一代捐赠群体更渴望慈善的即时影响力，这促使以爱尔兰裔美国亿万富翁查克·费尼（Chuck Feeney）为代表的"生前捐赠"理念得以普及。费尼 2002 年决定，在未来 20 年内将其大西洋慈善基金会（Atlantic Philanthropies）的全部剩余资金悉数用尽，并成功践行了这一承诺，该组织最终按计划于 2022 年圆满落幕。新一代捐赠者纷纷效仿此道，这无疑将进一步巩固反对将永久性捐赠视为理所当然选择

5.1 思想实验：设立一个基金会，还是现在就花掉所有的钱？

你刚刚出售了一家成功的初创公司，现在正在考虑将大部分利润用于慈善事业。你向两位长期以来在慈善方面有着丰富经验的朋友寻求建议。一位朋友建议你立即将所有资金捐赠给正在当地解决无家可归和贫困等紧迫问题的多个慈善机构。另一位朋友则建议你设立一个捐赠基金会，利用投资收益进行长期捐赠。

你会怎么做呢？是更好地支持现有慈善机构的工作，以解决其迫切需要资金的当前问题？还是说，设立一个可以长期分配资金的机构更有道理？如果选择后者，那么这个机构是否应该设定一个期限？而且，多久的时间才算是足够长的期限呢？

的立场。

一个同样引发忧虑的议题是，慈善活动有时会限制民主，因为它有可能抑制那些推动社会深刻变革的不同声音。有观点认为，精英阶层能够将捐赠作为一种社会控制的工具，通过提供某种慰藉或转移注意力的策略来平息民众的不满，但实际上对现状并没有任何改变。这种担忧由来已久；事实上，W. K. 乔丹（W. K. Jordan）曾表示，自17世纪初现代慈善模式崭露头角以来，"都铎王朝视慈善为公共政策的必要一环，而非仅仅基于基督教道德的义务"，因为是慈善可以满足穷人的基本需求，从而"能有效缓解因贫困未得到妥善解决而给国家稳定带来的巨大威胁"[12]。压制社会动荡并非慈善捐赠的初衷，正如历史学家弗兰克·普罗查斯卡（Frank Prochaska）所揭示的，"统治阶级普遍相信，他们的慈善行为会自然而然地赢得民众的顺从"[13]。然而，在特定的社会动荡时期——诸如战争、饥荒或流行病时期——慈善在维系社会结构方面所展现的关键作用变得尤为显著。1881年的一篇社论更是直接指出，慈善可以"平息阶级对立情绪，防止其将英格兰撕裂为两个对立阵营"[14]。

19世纪至20世纪初期，众多富裕阶层人士内心深处始终萦绕着一丝忧虑：日益加剧的社会不平等与工人阶级意识的觉醒，或将撼动支撑他们财富积累的资本主义大厦。因此，他们中的一些人将慈善行为视为一种"暴动保险"，正如本·惠特克（Ben Whitaker）所比喻的，这是"为维护资本主义秩序并遏制民众不满情绪而不得不缴纳的'丹麦贡金'（一种税金），以防政权颠覆和革命"[15]。劳工活动家们对这类慈善动机洞若观火，频繁将其作为批判的靶心。女权先驱弗洛伦斯·凯利（Florence Kelley）甚至将精英阶层的捐赠行为斥为"不过是资本家将从工人辛勤劳动中掠夺的财富，吝啬地返还给工人的一小部分，以此作为控制那个'他们必须依赖而又危险的阶层'以及避免革命的手段"[16]。与此同时，也有人利用这种紧张关系谋取利益。比如托马斯·巴纳多（Thomas Barnardo），一位擅长筹集善款但并非总是以正直著称的慈善领袖，他巧妙地利用公众对于动乱的恐惧，为他的孤儿救助工作争取到更多的支持。他宣称，"每拯救一个流浪街头的男孩，就少了一个危险的男人"，若不采取行动，"这股由人类苦难汇聚而成的沸腾暗流终将撼动社会的根基"[17]。

如今，慈善可能不再是一个赢得民众敬重的可靠方式，许多批评家指责大额捐赠者采取"面包与马戏"策略，他们的捐款往往着眼于规避对他们自身的批评以及对他们发财所依赖的资本主义体系的批评。在这一问题上，慈善基金会亦有可能成为问题的一环，尤其是当它们遵循亨利·福特二世（Henry Ford II）所确立的范式时。

福特二世曾断言，基金会从根本上讲是"资本主义的衍生物"，因此，每一个基金会都承载着"对我们经济体系的责任"，并应深思熟虑，如何"作为这一体系中最杰出的继承者之一，以明智之举来加固并提升其奠基者的成就"。[18] 基金会或许并不是有意识地将维护资本主义现状视为己任，但倘若它们在筛选资助对象时过于谨慎，回避任何可能被视为激进的项目，那么其结果在客观上与刻意维护现状无异。慈善学者梅根·明·弗朗西斯（Megan Ming Francis）和埃里卡·科尔·阿雷纳斯（Erica Kohl Arenas）指出，当基金会与社会运动发生交集时——比如20世纪60至70年代的民权运动、黑人力量运动，以及当前与"黑命贵"运动的互动——这一倾向尤为显著。基金会通过精心挑选资助项目或设定"可接受"行为的标准，来"驯化"或吸纳这些运动的力量。[19] 如此一来，即便慈善的初衷是善意的，也可能再次成为压制异议的手段，从而削弱民主。

多元性，发现与创新

与前面讨论的批评相反，也有不少人认为，

慈善不仅没有削弱民主，而且在加强民主中发挥了关键作用。慈善的核心特质之一，在于促进了前所未有的多元性，通过资助多样化的公民社会组织，为各种思想和价值观提供了一个超越国家权力界限的自由表达平台。支持者坚信，这样的机制是有意义的，因为选举民主本身潜藏着"多数暴政"的风险。少数群体或持少数派观点的人，在民主体系中可能因人数不足而难以通过标准的民主手段（如代议制或直接民主）有效表达自己的选择。这种情况在形式上符合民主的定义，但如果放任不管，就会导致少数群体受到不公正的对待，这显然是有缺陷的。

公民社会能够提供重要的制衡机制，它集合众人之力共同发声，即便他们在社会中坚定地处于少数地位。历史学家 R. J. 莫里斯（R. J. Morris）指出，"志愿协会对城市和工业社会复杂性的有序化所做出的一项核心贡献，在于对'外部群体'历史的积极塑造：这些群体曾游离于正式权力架构之外"[20]。基于此，慈善组织扮演了不可或缺的角色，它们为边缘群体开辟了一条路径，使这些人能够发现并坚守其共同的身份认同，在时间的长河中，这往往成为改写他们社会境遇的关键力量。

支持慈善事业的论点建立在多元性与自由结社价值的基础之上，这些要素在分散权力、影响公共选择中有着积极作用，会防止系统走向过度集中的极端。然而，我们是否应警惕社会中特定组织的力量与资源集中现象，以免催生出一个新的游离于国家有效监管与民主问责体系之外的权力中心？美国建国先贤们对此早有预见，他们认为正式的志愿组织对新生的民主会构成潜在风险——它们可能成为派系滋长的温床，进而构筑起独立于政府之外的权力堡垒。乔治·华盛顿（George Washington）在其1796年的总统告别演说中更是发出警告，指出志愿协会可能会"组织起派系"，这些派系可能会以"少数狡猾且有野心的社群成员的意愿取代国家的授权意愿"。长此以往，这些组织将蜕变为"强大而危险的工具，落入狡猾、贪婪、无原则者之手，用以侵蚀人民的权力根基"[21]。

类似的担忧在19世纪的美国也广泛存在。1828年，波士顿单一神教领袖威廉·埃勒里·钱宁（William Ellery Channing）指出：

公民社会组织的标准化可能导致权力向少

数人集中，这种集中程度与其影响范围成正比。在大型机构中，少数人会掌握控制权，负责所有事务。若这些机构聚焦于争议性目标，少数人便能利用公众强烈的情绪，获得巨大的影响力，从而进一步巩固其主导地位。[22]

华盛顿和钱宁的忧虑主要聚焦于组织的领导者，然而，这一论点同样适用于为组织提供资金的任何慈善家。当某个组织或事业未能获得广泛的公众支持，却高度依赖于一个或多个大捐赠者的巨额资金时，我们应该如何看待这种情况？一方面，我们已经看到，慈善作为民主社会中的一股积极动力，其核心价值在于它能够逆流而上，支持那些还未能赢得广泛公众支持的事业与思想。哲学家约翰·斯图尔特·密尔就将慈善捐赠看作"非主流思想与实践的宝贵庇护所"[23]，社会改革先驱托马斯·黑尔（Thomas Hare）也强调，"人类历史上最为显著的进步，可能不仅与大众的偏见相冲突，甚至可能与同时代学者与思想领袖的既有观念相悖"[24]。同样，经济学家弗里德里希·哈耶克（Friedrich Hayek）也指出，"公众舆论并不能决定应朝哪个方向努力以进一步激发舆论活力"，因此"这些努力必须由少数拥有必要资源的个人发起，或赢得那些拥有资源的人的支持"[25]。

另一方面，当精英捐赠者利用其财务资源来支持并传播那些主要反映其自身利益的观点时，这种行为极有可能对公共话语和政策制定产生深远影响，即便这些观点并未获得广泛支持，这种做法似乎是极其反民主的。这构成了一个极其棘手的矛盾，其复杂性在于，我们往往会根据个人对捐赠者目标的认同与否而得出截然不同的结论。正如慈善领域的资深记者大卫·卡拉汉（David Callahan）所指出的：

> 当捐赠者的观点让我们感到厌恶时，我们倾向于认为他们是在利用金钱的力量不公正地左右政策辩论的走向。然而，一旦我们支持他们的事业，态度便会发生戏剧性的转变，我们将这些捐赠者视为勇敢的斗士，他们挺身而出，勇于对抗那些强大的特殊利益集团或者保守的公众多数。[26]

因此，在政治光谱中倾向于进步立场的人

慈善有什么用？

5.2 思想实验：慈善多元化的代价？

假设你是一个专注于气候问题的慈善家。你的国家出台了新的法律和政策，使得民间组织在"政治性"问题上越来越难以发声。一个组织联系到你，你怀疑该组织接受了来自化石燃料游说团体的资助，目的是淡化气候变化的威胁，并拖延"零碳"政策的实施。他们提议联合起来，共同游说以保护民间社会自由，理由是这对你们双方同样重要。

你会怎么做？是否应该与这个组织合作，捍卫慈善家资助倡导和宣传某种工作的自由，尽管你们在每个问题上都存在实质性分歧？或者，你是否愿意接受对你支持应对气候危机努力的自由施加严格限制，以换取他们无法再支持气候变化否认论？

们，对科赫兄弟（Koch brothers）捐赠数百万美元给那些致力于否认气候变化的组织持更为不满的态度，而当看到乔治·索罗斯（George Soros）捐赠同样数额的资金以推广全球自由民主的理念时，他们则更倾向于表现出宽容的态度（反之亦然）。

当然，如果我们试图找到一个普遍的答案，来决定我们应该给予慈善家多大自由来推动他们自己关于如何构建更美好社会的观点，这样做意义不大。更富有启发性的思考路径或许是，构想一个当前社会普遍难以接受的慈善案例，并据此反思我们是否愿为了多元化而接纳这样的行为。比如，是否可以容忍某些捐赠者资助我们不支持的气候怀疑主义研究，以此作为确保我们支持的慈善活动能够继续进行的代价？还是应该从客观上否定气候怀疑主义获得慈善支持的合理性（即使这样做可能导致其他人对我们认为正当的慈善事业提出异议）？对于这个问题的回答，很大程度上取决于我们是否相信，在慈善事业自由发展的条件下，资源能否在不同观点之间实现合理的平衡。然而，研究表明，这种平衡其实是不可能的，因为极其富有的人通常比社会整体更保守，因此大额捐赠的慈善事业可能倾向于支持某些特定的观点。[27]所以，我们不应该过于乐观地认为，慈善事业在"各种观点斗争"中可以完全自由地发展。虽然我们可以限制选择那些不受欢迎的慈善，保持及支持少数观点的自由，但问题在于，如何在限制慈善的同时，不失去其对抗"多数暴政"的功能。正如洛克菲勒基金会自然科学部的长期主任沃伦·韦弗（Warren Weaver）在1954年所指出的：

> 如果我们相信民主并认同人们有表达不同意见的权利，那么为了维持社会整体的健康，必须容忍少量的异常现象，正如通过注入少量与疾病相关的物质来使人体产生保护性抗体一样。实验的边界需要不断通过充满活力且多样化的尝试来测试，而这个边界只有在偶尔跨越时才能真正找到。我们接受小的风险，以换取更大的收益。[28]

我们在第三章中看到，慈善常常在将边缘议题推向主流方面发挥关键作用。它通过提升公众意识、汇聚各方支持，最终获得里程碑式的社会进步。从废除奴隶制、终止童工劳动，到普选权的实现、同性恋非罪化，这样的例子不胜枚举。在每一种情况中，慈善支持都是克服"多数暴政"、推动社会进步不可或缺的力量，尤其是当某个问题尚未被公众关注或处在缺乏支持的初期阶段时。正因如此，个人通过资助边缘事业以挑战现状的自由，以及民间社会组织在宣传、发声方面的自由，显得尤为重要。这些组织凭借宣传倡导、研究活动、构建网络、组织抗议等多种策略，不仅能够揭示新的社会挑战与未满足的需求，还能有效地将这些问题带入公众视野，并在政府未能回应公民的需求与期望时发挥监督作用。正是通过这些努力，民间社会组织与个体成为监督权力运行不可或缺的一环，其重要性堪比选举制度中的选票。对于维护一个健康、积极的民主制度而言，它们是不可或缺的组成部分。正因如此，在世界众多国家中才会产生这样的忧虑：民间社会组织履行其监督职责所必需的自由正遭受着有意的削弱。如果这种对民间社会空间的压缩趋势持续下去，民主制度将会受到严重影响。

精英慈善支持的理念和方法若在实践中偏向富人的利益和价值观，仅凭多元性来为其辩护会显得相当困难。不过，在民主制度的框架下，大额捐赠的角色依然有其可辩护之处，尤其是当这些捐赠能够确凿地证明其背后的理念与方法正引领着对社会福祉有益的实验与创新（即便这些尝试在多元化方面尚显不足）时。政治哲学家罗布·赖希指出，"发现"构成了精英慈善与基金会在民主社会中合法性的坚实基石，因为它们可以作为民主社会的"风险资本"，一种高效的探索工具，用于开展那些结果充满不确定性的长期社会政策实验。[29]这种创新不仅在于为政府已实施的政策寻找新的实施路径，更在于可能发现国家应当涉足的新领域。

有人或许会质疑，为何需慈善来承担这一使命，国家自身不也具备实验与创新的能力吗？诚然，全球公共部门在推动创新方面倾注了大量心血，正如经济学家玛丽安娜·马祖卡托（Mariana Mazzucato）所阐述的，公共部门通过支持早期研发工作，在许多私营领域的创新中发挥了关键却常被低估的作用。[30]然而，那些积极倡导慈善创新角色的人往往争辩说：国家体系常常显得过于保守，对于新事物的尝试持谨慎态度。比尔·盖茨就指出，慈善之所以不可或缺，正是因为"政府在创新能力上存在局限，且倾向于规避风险"[31]。若这一观点成立，那么慈善在创新领域的显著优势便在于，相对于国家，慈善更愿意承担高风险。

那么，为何慈善在风险承担与创新方面能展现出独特的优势呢？一个核心原因在于它能够以更为长远的眼光看问题。慈善的"长寿"特性有时也招致非议，人们担忧其永久性可能带来的问题，以及被捐赠者的"永恒之手"控制的风险。

但换个角度看，这种长期不变确能赋予慈善资助者勇气和能力，去探索并尝试那些多年之后才能见到成效的方法，这在受短期政治周期束缚、追求即时成效的公共部门中往往难以实现。另一原因则得益于慈善没有问责机制。政府及公共部门的工作人员，无论是直接还是间接，都需对选民负责；而慈善基金会则主要向董事会汇报，个人慈善家的决策则更多基于自我判断。当然，这种缺乏问责的情况也曾受到批评，因为这使得慈善事业具有反民主的性质。然而正是这种相对宽松的问责环境，让慈善事业能够勇于投资于那些可能对社会产生影响的创新项目。因为在这里，没有愤怒的股东或纳税人会因实验暂时受挫而提出质疑。

因此，风险承担能力可能是慈善事业的核心优势之一。的确，卡内基英国信托的秘书在1952年的断言称"信托的使命就是要冒险"[32]。它随即触发了两个核心疑问：首先，这是否意味着所有慈善事业都必须是冒险与创新的，还是说，仅仅某一部分慈善事业需要如此，另一部分则仍可资助那些经过时间检验的、风险较低的项目？其次，究竟有多少慈善事业真正达到了推动新发现这一标准？那些手握巨资的捐赠者与基金会，他们是否真的在追求创新目标，并采用创新方法来实现愿景，还是大多选择了更为稳妥的道路？要系统地评估这一点并非易事，因为我们难以掌握慈善事业的整体分布情况，也因为"成功创新"这一标准本身所固有的主观性。尽管如此，慈善事业确实时常面对缺乏想象力或回避风险的指责。即便是在英国维多利亚时期即所谓的慈善事业的黄金时代，也有批评声音指出，绝大多数慈善行为本质上极为保守。历史学家大卫·欧文（David Owen）指出：

> 19世纪末的大多数遗赠行为，并非是对传统的颠覆，而是对既有常规的坚守……在这些遗赠中，鲜少见到展现出非凡勇气或丰富想象力的元素，资金大多用于维持既存机构或创立与之相似的新机构。[33]

除了创新不足外，慈善是否也可能过度创新？例如，"慈善大赌注"策略在某些情境下是否会演变成无谓的追逐或是浪费资源的自负项目？这一议题在当前背景下尤为迫切，尤其是随着众多大额捐赠者（特别是硅谷科技精英）将目光投向了人类太空探索与应对"生存风险"等前沿领域，如忧虑人工智能可能会摆脱人类控制并主导世界。一方面，支持这些大胆方向的观点认为，正是这些长期的重大问题构成了慈善资金的关注中心。鉴于自20世纪70年代以来，人类在太空旅行领域的实质性进展相对有限，加之人类文明的未来存续或许依赖于星际扩张的可能性，因此，将慈善资源投注于太空探索或许代表了对资源的最佳利用。另一方面，批评者则指出，此类举措不过是通过技术致富的亿万富翁的自我炫耀，他们自然会用以技术为中心的视角来看待世界。

从实用角度出发，关键问题在于如何有效引导慈善家，使其专注于世界上最迫切的需求，防止其偏离正轨，但同时又不限制捐赠者的自由，避免其感受到过度限制而停止捐赠。罗布·赖希提出，我们可以引入类似学术界的同行评审机制，让慈善家的项目提案接受由该领域专业人士组成的评审团的评审。评审团可以对项目的合理性进行评估。赖希认为，"同行评审原则上可以形成一套规范，无须正式的法律干预便能促使私人基金会选择创新发现模式"[34]。

这一提议显然面临几项挑战。首先，对于通常极具个人主义和理想主义色彩的慈善家而言，接受一个由同行组成的群体来评估他们的捐赠决策，无疑是一个巨大的心理考验。再者，即便慈善家们同意接受这种形式的评审，同行团体内部也可能存在群体思维和确认偏差，从而导致评审团成员一致认为某些慈善目标是正确无误的。此外，判断规模重大慈善项目的真正价值，通常在项目完成后更容易。如果依赖同行评审，是否会削弱慈善试验和创新的能力呢？

志愿行动作为"民主的摇篮"？

在探讨如何加强民主的过程中，慈善与志愿行动的直接成果并非其最大价值所在，而是这些行动背后的过程，而这一过程能够培育出公民意识与民主参与的关键技能。这一理念源自 18 世纪政治哲学家亚历克西·德·托克维尔（Alexis de Tocqueville），他指出志愿行动是孕育民主精神的"摇篮"。即使人们参与的事业与公民意识或民主关系不大，甚至毫无关系，这种说法也依然成立。社会学家罗伯特·帕特南（Robert Putnam）指出：

"产生这些影响并不要求社团活动具有明确的政治性目的……无论是参与合唱团，还是加入观鸟俱乐部，都可以培养出个体的自律精神，以及对成功合作的喜悦。"[35]

这些志愿行动在政治光谱上全方位地给民主带来了益处。在右翼阵营中，这些行动往往与缩减国家规模、强化个人能动性和责任感的理念紧密相连。历史学家弗兰克·普罗查斯卡（Frank Prochaska）在英国右翼智库 Civitas 的宣传册中对此给予了高度评价："联合慈善在商业社会中不仅延续了古老的公民义务，更凸显了个人自主性的重要性。"他还将慈善机构誉为"民主多元主义的堡垒，是共和国公民权利和义务的生动体现"[36]。

历史学家贾斯廷·戴维斯·史密斯（Justin Davis Smith）与梅拉妮·奥本海默（Melanie Oppenheimer）则指出了志愿行动作为"未来工党领袖训练基地"的角色，是英国工人运动中的另一项重要传统。[37]20世纪的英国工党和自由党政治舞台上，众多关键人物如克莱门特·艾德礼（Clement Attlee）和威廉·贝弗里奇（William Beveridge）等，都曾在大学安置点等志愿组织中工作，"这些早期的志愿经历显然影响了他们

慈善有什么用？

日后对国家与志愿事业之间应有平衡的思考"。同样，左翼社会科学家康斯坦斯·布雷斯韦特（Constance Braithwaite）在其1938年的力作《志愿公民》中阐述道："未来民主社会对公民素质的要求更倾向于通过……公民在志愿组织中的积极参与来培育……而非单纯依赖于大规模的宣传活动或国家的神圣化塑造。"[38]

慈善与志愿行动，作为习得公民技能及融入更广泛民主体系的途径，对那些被主流政治架构与公共生活边缘化的群体尤为重要。19世纪，中产阶级与工人阶级的女性通过投身慈善事业，为后来的全民普选运动铺平了道路。许多女性在初期更多地投身于传统的慈善领域，而非直接参与争取投票权的运动。然而，正如普罗查斯卡所提出的，随着时间的推移，"女性在从事这些活动的过程中，自然而然地萌生了对女性选举权的兴趣。一些具有洞察力的女性开始意识到，没有政治权力，她们的行动自由是有限的"[39]。与此同时，参与志愿活动使这些女性学会了许多技能和策略，这在她们后来的争取选举权的斗争中发挥了关键作用。19世纪初，女性公开演讲这一行为几乎是前所未闻的。正是凭借着众多女性"坚定不移的决心去传达她们的心声，并勇敢地在慈善会议、社会科学大会及工会集会上发表演讲，以此挑战根深蒂固的传统观念"，[40] 这一状况才在随后的一整个世纪里逐渐发生了转变。随着女权运动的全面兴起，女性至少能够让自己的声音传播出去（尽管这些声音并非总是能够被倾听）。历史学家凯瑟琳·麦卡锡（Kathleen McCarthy）在美国也追溯到了这一相似的发展历程：

> 对于不直接涉足政治领域的美国女性而言，慈善捐助与志愿服务始终是她们踏入公共领域的基石。这些活动不仅为她们提供了招募成员、社交互动、技能培训及个人发展的宝贵机会……（更）成为了她们重塑公共政策，影响大众对性别、阶级、家庭观念及种族态度的熔炉。[41]

然而，有人告诫我们，不应过分理想化地将志愿行动视为民主诞生的摇篮。他们指出，慈善组织本身并非总是民主的。相反，历史上，许多慈善组织往往倾向于巩固既有的等级制度和权力结构，而非将边缘化群体纳入主流民主体系之中。

历史学家罗伯特·莫里斯便持有这样的观点，他认为在19世纪这一现象尤为显著：

> 主导志愿组织的领导者认为，他们所致力的，乃是构建一种特定的社会关系网络，这种网络旨在稳固他们自身的力量与特权并将其合理化……这一过程的最终产物是一个由独立、勤奋、自律的小财产所有者组成的社会，而这些人是由精英阶层所创造和引导的，这个精英阶层依然将财富和权力集中在自己手中。[42]

与此同时，另一些批评者指出，通过参与单一议题或基于特定事业的组织所掌握的技能，可能在更广泛的民主参与领域里并不是那么有用。历史学家布赖恩·哈里森就认为，"对单一议题的过度专注，往往会使人形成非黑即白的简单化思维，轻易地将不同意见贴上狡诈、恶意或腐败的标签。在这种情况下，志愿者非但没有成为推动民主政治教育的积极力量，反而可能因过于挑剔的态度与现实产生隔阂，部分地退出现实世界"[43]。

一些批评者提出质疑，我们是否应当如此不

假思索地将志愿组织视为推动民主发展的正面力量，而忽略它们各自的实际宗旨？政治学者琼·罗埃洛夫斯（Joan Roelofs）指出，美国的非营利领域涵盖了"3K党、民兵组织、黑豹党等极端团体，也包括了和平主义者、高端私人乡村俱乐部、城市精英社交圈、外交政策智库、各教派原教旨主义者等众多组织"，而"这些不便讨论的成员几乎从未被提及"。[44]近年来，美国出现了众多新兴极右翼的团体与网络，它们中的许多人对选举民主制度持蔑视态度，更有甚者直接牵涉到2021年1月6日美国国会大厦的暴力袭击事件，这一事件无疑加深了公众对于此类组织潜在威胁的担忧。显然，任何个人或团体若积极参与旨在破坏选举制度和法治的活动，都只能被视为对民主的威胁。因此，在评估民间社会组织在促进公民参与和公民技能方面的价值时，我们必须更为谨慎地区分不同类型的组织。

慈善本身是否需要更加民主化？

根据我们刚探讨的观点，是否有可能在民主制度中最大限度地发挥慈善的积极作用，同时最

122   慈善有什么用？

小化它可能带来的反民主风险？这需要我们做出哪些改变？

要解决富人偏见的问题，可以尝试去构建一种推动大捐赠者发展草根支持而不是单打独斗的模式。这可以通过与现有组织合作来实现。这些组织能够汇聚更广泛的社会力量，从而避免让某一笔捐款产生过大的影响。另一种方法是大捐赠者用他们的资源来推广一种更为普及且融入日常的捐赠风尚，旨在确保公民社会中真正的多元化。

对于由永续性基金和"永恒之手"造成的代际不平等问题，有观点认为唯一的解决途径是使所有慈善基金会设定时间限制或"支出下限"（即规定在特定时间内必须消耗完既定资本，而非仅仅依赖理论上可无限期存续的基金投资收益）。然而，也有人警告我们，不应忽视长期视角所蕴含的价值，这使得慈善事业能够在支持创新方面发挥作用。一个潜在的折中方案是将基金会的默认永续模式转变为有限寿命的模式，长期或永续性结构仍然可以存在，但仅作为一种例外。

贯穿我们探讨诸多议题的是慈善领域内权力分配的问题。解决这些问题的一个重要部分是，慈善资助者需找到方法，不仅要捐赠金钱，还要

5.3 思想实验：亲身经历 vs 专业知识

你是一位慈善家，三十多年来一直支持针对少数几种儿童疾病的医学研究和治疗。你希望转向一种参与式资助方式，即让患者及其家庭在资源分配上拥有更多的话语权。最近，参与这一过程的一些家庭与基金会的工作人员之间发生了争议，双方对资金的使用方向存在分歧。

这些家庭认为，基金会并没有考虑到他们的真实生活经历，他们应该直接拿到这笔钱，根据自己的需求使用。基金会的工作人员则认为他们的专业知识没有得到应有的重视。他们指出，这些家庭提出的资金使用方案可能因缺乏专业知识而效果有限，甚至在某些极端情况下还可能带来负面影响。

如何解决这种矛盾？亲身经历与专业知识是否同等重要，还是应该对其中之一给予更多重视？如何在二者之间实现合理的平衡？若你决定赋予受助者完全的自由裁量权，当他们选择你未必认同的资金使用方式时，是否应增设限制？又或者，这仅仅是慈善领域内权力再平衡过程中难以避免的潜在代价？

让渡权力。一种简单的方式是，将资助模式从传统的项目性、限制性资金转向支持核心成本不受限制的资金模式。越来越多的慈善资助者正在探索这种方式，而受助组织几乎总是将其视为最重要的措施，因为这能更大程度地赋予他们权力。更有前瞻性的资助者正积极尝试将参与式方法或全面或局部地融入资助决策过程之中。即便参与深度与广度上会有差异，但它们都成功地将那些传统上被视为被动接受者的个人与社区，转变为资源分配决策中的活跃参与者。

慈善资助者必须认识并支持公民社会倡导和运动的价值，共同抵御那些企图压制言论自由、抗议自由及结社自由的政府政策。在一个两极分化的环境中，文化战争叙事的支持者故意重新划定被认为有争议的或"政治化"的疆界，使得慈善家们在选择立场时往往顾虑重重，生怕一不小心便成为党派斗争的攻击目标。然而，公民社会赖以存在的自由非常脆弱，如果我们不加以呵护，民主制度的长期损耗可能会非常巨大。

6

慈善还是市场?

18世纪经济学家亚当·斯密曾言:"众人所盼晚餐之备,非因屠户、酒匠、饼师之仁心,实乃其自利之本性使然。我们向其陈词之时,非以人性相感,乃借自利之念以成其事。不言需求之殷,唯论利益之契。"[1]基于这一视角,自由市场与慈善事业在成效与驱动因素上存在着本质的差异,且市场被视为更为卓越的社会运作基石。实际上,利他主义与经济自利之间的界限远比我们所设想的要模糊。一个显著的例证便是近年来"影响力投资"与"社会企业"模式的兴起,这些模式将盈利与实现使命相结合。

倡导者认为,这一模式作为传统慈善模式的替代,将在应对社会与环境的双重挑战中发挥重要作用。这种模式确实有其意义所在，但这一想法并不新颖。长久以来，人们一直在探索如何填补"行善"与"逐利"之间的隔阂。一方面让慈善更加"商业化"；另一方面，让商业更加富有慈善精神。那么，我们应如何理解慈善与市场之间的关系呢？

让慈善更加"商业化"

改革慈善事业的一个常见观点是，捐赠者和慈善组织需要变得更加商业化。这一理念正是"慈善资本主义"学说的精髓所在，该学说由马修·毕晓普（Matthew Bishop）与迈克尔·格林（Michael Green）于2008年首次阐述。尽管书的副标题"富人如何拯救世界以及我们为何应允许他们"在当下对慈善的批评声中可能显得过于乐观，但其核心思想依然具有影响力。[2]让慈善更加"商业化"究竟意味着什么呢？

一种解读认为，慈善组织在治理与管理层面应借鉴商业企业的模式。这一观点有其历史可循，因为现代慈善事业的雏形可追溯至17—18世纪的"联合慈善"，彼时，这些慈善组织便在一定程度上借鉴了随着工业革命的浪潮和新企业的涌现而日益普及的股份公司的运作模式。在此之前，慈善多局限于个人与个人之间的捐赠行为，而今，多个捐赠者能够汇集资源，共同创建并管理一个组织来优化资源配置，这一模式与多个股东合资经营企业的做法相似。随着时间的推移，商业与慈善两大领域各自开辟了独特的发展路径，单纯建议慈善机构模仿企业运作方式的观点显得日益片面（尽管这一观点并未阻止人们这样做）。在19世纪，更为普遍的观点是，即使慈善事业不一定与企业相同，它们确实需要商业人士的参与才能取得成功。利物浦慈善家威廉·拉斯本（William Rathbone）在1865年写道："慈善多为情感所驱，而非原则所限；它多由热心冲动之人主导，而非商业思维者的领域。"[3]然而，在很多情况下，引入商业思维并不是有意识地去改善管理，而是因为"慈善本身带有中产阶级的文化特征"，历史学家彼得·沙普利（Peter Shapely）指出，"那些参与慈善的人，可能只是将他们在管理商业组织时积累的经验，简单地应用到慈善组织的结构中"[4]。

并非所有人都赞同商业人士可以给慈善带来独特或近乎神秘的经验这一观点。社会学家索尔斯坦·凡勃伦（Thorstein Veblen）认为，这种观点仅仅反映了"一种情感上的信念，即经济上的成功被视为衡量男性气质的最终标尺"，以及"商业原则是世俗信条中的神圣条款"，而"商业手段则构成了世俗崇拜中的仪式"。[5]即便是来自商界、成就斐然的慈善家朱利叶斯·罗森沃尔德（Julius Rosenwald），也坦言"始终难以理解那种认为一个人赚了很多钱就意味着他有很多智慧的观点"，而且事实上，"那些积累了巨额财富的人中，不乏我遇到过的最蠢的人"[6]。

现代批评者如迈克尔·爱德华兹（Michael Edwards）和菲尔·布坎南（Phil Buchanan）持续对商业思维的神化倾向提出质疑。爱德华兹，这位前福特基金会的高管，认为慈善资本主义"将商业方法视为解决社会问题的方案，但却缺乏严格的证据或分析来支撑这一主张，同时，它也忽视了有力的相反证据"[7]。同样，作为效能慈善中心的创立者，布坎南也指出，"如果捐赠者和非营利组织的领导者轻率且片面地将市场和'商业实践'视为解决一切问题的方法，那么他们极有可能会丧失对非营利部门独特身份和使命的正确理解"[8]。

尽管商业人士主动提出的建议并不总能得到慈善组织的接受，但涉及的商业方法，特别是筹款策略的建议，慈善组织则毫不犹豫地采纳。筹款的历史是一个不断创新的历程，在这个过程中，慈善组织迅速利用了新技术和商业世界的新发展，某些创新举措甚至可以供企业效仿。比如，慈善组织很早就发现了娱乐与名人的价值。早在1750年，乔治·弗雷德里克·亨德尔（George Frederick Handel）向伦敦孤儿医院捐赠了一台风琴，并亲自演奏了《弥赛亚》，成功筹集到了728英镑的善款，后来还在遗嘱中将《弥赛亚》的原版乐谱赠予了该慈善机构。[9]进入19世纪，名人筹款活动迅猛增长。在英国和美国，剧院、音乐厅的演出，乃至后来的体育赛事，都成为了慈善筹款的平台。瑞典的歌唱天才珍妮·林德（Jenny Lind）投入大量时间，利用自己的演出为慈善事业筹集善款。即便是她那玩世不恭的经纪人费尼尔司·巴纳姆（P. T. Barnum）也被她的善行打动，感叹道："像这样的女人，她将上天赋予的艺术才华用于缓解世间的痛苦与困顿。她的每一个念头、每一次行动都献给了慈善，我坚信这将为美国带来福音。"[10]

慈善机构亦不畏惧拥抱日益盛行的消费主义浪潮。在18世纪，杰出的陶艺大师乔赛亚·韦奇伍德（Josiah Wedgwood）设计的纪念章由反蓄奴协会（Anti-Slavery Society）在市场售卖以筹集资金[11]；而在接下来的一个世纪里，"慈善义卖"（带物义卖的早期雏形）不仅频繁亮相于社交场合，更成为慈善机构不可或缺的财政支柱。[12]在所有商业化筹款者中，最为精明的非救世军创始人"大将"卜威廉·布斯莫属。他毫不避讳地利用维多利亚时代民众高涨的购买欲望，常常以个人声望作为卖点，发行他演讲的早期唱片，还将自己的头像和名字印在包括从精美的装饰盘到汽车轮胎等的各类商品上。更有趣的是，救世军甚至发布了自有安全火柴品牌，名为"黑暗英国中的光明"，这一名字与布斯的一部经典著作的书名交相辉映。火柴既为了盈利，也旨在推广"伦理消费"的理念，为那些在恶劣工厂条件下工作，因接触白磷而遭受磷颚病折磨的年轻火柴女工提供一种替代品牌。[13]

随着慈善机构逐步专业化和商业化，一些批评之声随之而来。《泰晤士报》在1880年就抱怨：过度的筹款活动意味着"一旦名字被印在捐款名单之上，这个人便被打上了标记……自此，无尽的'骚扰'便如影随形"。[14]而另一家报纸在1892年则对慈善舞会的频繁举行感到悲哀，并严肃地宣称，任何"靠提供娱乐等不当手段"而不是凭借其本身的力量来筹集资金的慈善机构最终都注定会遭到报应。[15]批评浪潮甚至蔓延至政治领域。在19世纪90年代，自由党议员 E. H. 贝利（E. H. Bayley）以个人名义攻击了皇家国家救生艇机构，他指出机构内部"官员薪酬过高"，"大量资金闲置于库房中赚取利息"。[16]历史学者布赖恩·哈里森（Brian Harrison）在回顾这段往事时，也指出：

> 大量的慈善舞会、慈善晚宴与社交聚会，奢华的办公场所、详尽的捐款名单和精致的会员卡……所有这些都确保了19世纪的财富再分配在最终惠及真正需要帮助的人之前，已经为许多并不那么贫困的人带来了享受，甚至为他们带来了经济利益。[17]

关于高薪或浪费开支的投诉至今仍困扰着慈善机构。在某种程度上这是因为我们用于衡量慈善工作价值的工具仍然有限，捐赠者通常只能依据如"管理费用"或"行政成本"的占比等粗略且无甚帮助的数据来做判断，而这些数据几乎无法反映一个组织的实际效能或影响力。有些高效的慈善机构看似在管理领域投入较多，而这正是不可或缺的核心支出；有些慈善机构在行政上近乎吝啬，却收效甚微。那么，哪种模式更为可取呢？同时，慈善机构也常因不够"专业"或不够"商业化"而受到批评。这使得慈善机构陷入两难：若投入资金确保筹款和运营的规范，可能被指责为浪费；若不如此，则又会被批评为不专业。

利润与目标相结合

有时候，尝试弥补慈善和商业之间差距的努力，已经不再是事后强行把商业方法用到慈善上，而是从一开始就要将财务目标与社会目标深度融合。这通常体现为采用贷款和其他金融工具来替代简单的捐赠形式，使得捐赠者能在一定程度上获得回报（尽管这种回报往往低于纯粹的商业投资）。早在公元1世纪，小普林尼（Pliny the Younger）就设计了一种复杂的交易方案，他将部分土地捐赠给国家，随后又从国家手中租回，这样既能确保资金用于公共事业，又能保持土地的有效管理，并防止资金被滥用。[18]时间快进至1361年，主教迈克尔·诺斯伯格（Michael Northburgh）因瘟疫去世，留下了1000马克的银币建立一个基金，用于为典当物品提供为期一年的无息贷款。[19]随后的几个世纪里，许多类似的"贷款慈善机构"相继出现。例如，16世纪的托马斯·怀特爵士（Sir Thomas White）在遗嘱中规定，将其财产的收益每隔24年分配给英国的24个城市公司，用于为"年轻市民，特别是布商"提供无息贷款。[20]

在运营中，慈善组织遇到一个反复出现的问题，那就是它们常因过度商业化而招致批评。为了规避坏账风险，资金更多地流向了较为富裕的中产阶级成员，而非原本设定的亟须援助的群体。此类问题在1707年获得皇家特许的"济贫慈善公司"（Charitable Corporation for Relief of the Industrious Poor）成立后达到顶峰。这家公司旨在为那些容易受到不良典当商和高利贷者剥削的人们提供低息贷款。从一开始就有人质疑，批评者甚至讽刺其股东

图6.1 维兰（Villain）根据尼古拉-图萨安·夏莱（Nicolas-Toussaint Charlet）的作品创作的石版画，描绘了巴黎街头施舍、慈善和贫困的综合场景，1840年

画中，一位工人向一个巴黎家庭送上一碗汤。与此同时，一名来自"慈善银行"的银行家却若无其事地从旁走过。这家银行的墙上还贴着倡导自助精神与商业主义的书籍广告。这幅描绘19世纪的图像暗示了当时社会流行的贫困应受惩罚的观点，并指出将利润与慈善目标相结合的做法可能会引发与慈善本质背道而驰的行为。

为"10%的慈善家"。不幸的是，公司的管理层很快印证了这些负面预期。据相关报道披露，一位董事竟表示："让那些穷人自求多福吧，我们进城赚钱才是正经事。"由于管理上的疏漏及明目张胆的欺诈行为，公司最终破产，政府不得不介入，为众多无辜受害者提供紧急救助。据说，这一事件让公

慈善有什么用？

众对此类慈善形式产生了强烈质疑。[21]

　　相比之下，社会借贷机制在英国以外的地方更为成功。中世纪晚期的意大利出现了"蒙蒂"（monti de pietà，字面意思是"慈善之山"），这些机构集慈善捐赠、早期典当行和互助银行的功能于一身，接受富人、行会和其他团体的捐赠，借此向工薪阶层提供有担保的低利息的贷款。[22]这种模式因其成功迅速传遍欧洲大陆，包括天主教和新教国家。一些蒙蒂机构甚至持续运营至20世纪。

　　无独有偶，19世纪末的美国也出现了许多带有社会动机的贷款公司，纽约的互助贷款协会（Provident Loan Society）就是其中之一。这家公司诞生于1893年，由一群富商共同创立，其中便包括金融巨擘J. P.摩根（J. P. Morgan）和航运业领航者科尼利厄斯·范德比尔特（Cornelius Vanderbilt），这家公司至今仍在运营。同一时期，英国也出现了由社会动机驱动但以商业方式运作的企业热潮。这要归功于维多利亚时代的住房改革者，如奥克塔维亚·希尔（Octavia Hill）、乔治·皮博迪（George Peabody）和爱德华·吉尼斯（Edward Guinness）。他们尝试修建可负担的住房，并以低于市场价的租金出租给工人阶级租户，这种做法被称为"百分比慈善"[23]。

将盈利与公益结合的理念早已有之，近年来随着微金融、影响力投资等模式的兴起，这一理念再次受到广泛关注。这些模式有可能为解决社会和环境问题开辟创新性的融资途径。但许多人对此仍抱有疑虑。与历史上将经济动机与社会目标相融合的情况相似，批评者担心利润动机可能会凌驾于公益目标之上，导致社会金融慈善进一步演变成纯粹的商业行为。

还有一个问题未得到解答，即这种混合模式与传统慈善之间存在什么关联：社会投资者是否认为这些钱来自他们计划用于慈善捐赠的同一笔资金？如果确实如此，那么其危险在于原本可以直接用于救助弱势群体的资金被挪用，而社会公益的总投入并未真正增加。但是，如果社会投资的钱来自原本用于盈利目的的资金池，那么，这种混合模式又是否有可能成为增加社会公益资源总量的重要途径呢？

让商业变得更加慈善化

尽管许多人致力于慈善的商业化，但也有观

慈善有什么用？

点认为，让商业行为本身更具慈善性质，或许会产生更为深远的影响。这一观点认为，鉴于商业资金流的庞大规模，即便是微小的转变，也能在推动私营部门承担更大社会责任方面产生远超传统慈善领域的改进效果。当然，这并不意味着要么只关注商业，要么只关注慈善，实际上，商业的改善往往能带动慈善的进步，反之亦然。然而，在具体目标的设定上却存在分歧。企业仅仅将赚来的钱捐赠给慈善组织是否就够了？还是我们需要考虑企业的整体社会影响以及其商业运作模式的变革？这一讨论与第三章的脏钱问题相呼应，即是否可以将资金的来源与其后续使用分开的问题。与个人捐赠者的情况类似，近年来对企业慈善活动的要求也越来越高，人们更加关注企业的财富是如何创造的。过去，企业可能仅通过单一的慈善活动来展示其善举，有时这些活动甚至被质疑为纯粹的公关手段。而今，消费者、员工及社会各界都渴望看到企业更完整的画面，包括企业在环境保护、税务、促进多样性及员工福利等方面的表现。

企业应承担社会责任的理念常常被包装得非常现代，整个行业充斥着一系列光鲜的报告与充满流行语的活动，推广着诸如"使命感"与"共享价值"这样的概念。但或许我们颠倒了顺序：将赚钱与社会责任割裂开来的想法可能是比较现代的发明。在过去，人们理所当然地认为，企业负责人还对他们所处的更大社会环境负有责任。

这一点在17世纪的伦敦商人托马斯·菲尔明（Thomas Firmin）身上尤为明显。他秉持着慈善商业理念，不仅创立了"为穷人提供就业机会"的项目，还经营着一些刻意保持亏损的纺织公司。这家公司为员工提供远高于市场平均水平的工资和优厚的福利条件，以此作为"节俭慈善"的一种实践方式。[24] 尽管菲尔明的做法在当时显得独树一帜，但企业主需展现一定社会责任感的这一观点，实际上在更广泛的层面上得到了普遍认同。雇主的善行往往蕴含了某种程度的"开明自利"，即首先关注自己的员工。19世纪的众多工业家纷纷修建工人模范城和村庄，就是一个显著的例子，其中包括乔治·吉百利（George Cadbury）在伯明翰附近修建的伯恩维尔（Bournville），威廉·利弗（William Lever）在默西塞德修建的太阳城（Port Sunlight），以及提图斯·索尔特（Titus Salt）在西约克郡修建的索尔

图6.2 C. J. 沃克女士。艾迪森·斯普尔洛克（Addison Spurlock）摄，约1914年

C. J. 沃克女士是20世纪初的女商人和慈善家先锋。她创立了一系列极为成功的护发和美容产品，成为首位白手起家的女性百万富翁——这一成就在黑人女性受到严重限制的种族隔离时代更显瞩目。她一生都是一位坚定的慈善家，以多种创新方式利用个人财富和商业支持黑人事业和新兴的民权运动。

泰尔（Saltaire）。这些为工人提供的住房，极大地改善了当时普遍存在的拥挤、肮脏的城市居住环境，但也往往伴随着家长式的管理，如设立宵禁、强制禁酒等措施。在国际背景下，相似的"开明自利"与殖民心态互相交织，催生了更具争议性的工人社区规划案例，比利时在刚果的利弗维尔（Leverville）以及福特在巴西亚马孙创建的福特兰迪亚（Fordlandia）便是其中的典型。

　　贵格会教徒在承认企业社会责任的道路上或许走得更远。他们独特的新教观念将商业成功视为向上帝展现忠诚与承诺的重要途径，但这一切必须建立在遵循道德原则的基础之上。正因如此，

19世纪涌现了众多杰出的贵格会商界领袖同时也是知名慈善家的例子，如糖果业巨匠约瑟夫·朗特里（Joseph Rowntree）与乔治·卡德伯里。由于他们广泛涉足慈善、商业与政治领域，其行动常常打破这三者之间的界限。有人曾这样评价卡德伯里：

> 他对那些把早晨和正午用于赚钱、把晚上用于将赚到的钱施舍掉的富人不屑一顾，也瞧不起那些将赚钱和慈善活动严格分开来的人。[25]

与贵格会教徒类似，一些在主流社会中常被边缘化的群体，也表现出将商业与慈善之间的界限模糊化的愿望。如慈善学者泰龙·麦金利·弗里曼（Tyrone McKinley Freeman）认为，20世纪初的非裔美国慈善家就是一个鲜明的例证，他们"无法享受分门别类进行规划的奢侈"；相反，包括美容护理界的先驱C. J. 沃克女士（Madam C. J. Walker）在内的杰出黑人慈善家，必须"穿梭于市场、政府和社会服务之间"，"运用各种手段来满足自身需求，推动社会变革"。[26]

在20世纪，随着商业金融化的发展，企业日渐臣服于逐渐强大的股东，越来越多的投资者开始质疑企业应该从事慈善活动或承担社会责任的观念。经济学家弥尔顿·弗里德曼（Milton Friedman）的观点在此方面极具影响力，他提出一个非常著名的论断：“企业的社会责任就是增加利润。”[27]

弗里德曼虽然认可公司员工可能肩负社会责任，但他指出，在企业框架内，任何旨在履行此责任的举措，若导致股东收益缩水、顾客负担加重或员工薪资减少，实质上都是“挪用他人资金”。部分富有的企业领袖对广泛意义上的企业社会责任持保留态度，他们认为商业成功本身就足够回馈社会了。约翰·保罗·盖蒂（John Paul Getty）说过，“我所知的最佳慈善，莫过于按时足额支付工资”[28]。多年后，墨西哥亿万富翁卡洛斯·斯利姆·赫鲁（Carlos Slim Helú）亦表达了相似观点，他认为：“构建稳固的企业，方能更多行善，而非仅仅扮演圣诞老人，四处撒钱”[29]。近年来，科技界的众多领军人物亦纷纷表态，认为造就他们财富的产品与平台，才是解决全球问题的关键所在。埃隆·马斯克（Elon

Musk）在 2022 年的一次访谈中宣称其旗下的特斯拉、SpaceX 及神经链接（Neuralink）都是慈善事业，反映了他"将智慧之光播延至宇宙深处"的宏伟抱负。[30]

当前处境与未来发展

慈善与商业紧密相连，但在实践中对两者的意义并非总是一目了然。众多人士秉持慈善资本主义的理念，认为商业领域的工具与策略能够有效弥补传统慈善的某些不足。当各方能够达成共识时，有望通过诸如"风险慈善"等模式带来真正的创新。在这一模式下，捐赠者提供资金支持和商业经验，与慈善组织积极合作，共同提升慈善项目的效率与影响力。同时还有"社会投资"，捐赠者通过结合社会和经济回报的方式，利用他们的资源支持受赠组织。然而，若将商业原则绝对化或教条化地应用于慈善事业中，可能会给所有相关方带来负面影响。正如我们所见，历史上，当社区的想法自上而下地强加于人而忽视实际需求和期望时，结果往往不尽如人意。

乐水轮（PlayPumps）就是一个著名的例子。

这种设备出现于21世纪初期，既能作为游乐场旋转木马又能作为水泵使用。起初这是为撒哈拉以南非洲地区女性和儿童每日长途跋涉取水提供的创新解决方案，孩子们可以在玩耍的同时抽水。然而，随着时间的推移，局限性逐渐暴露出来。尽管乐水轮安装在多个城镇和村庄中，但在许多情况下，它们并不适合当地条件，孩子们也没有将其视为游乐设施，对他们来说反而是增添了负担，因此它们被闲置。凯斯基金会等资助机构后来也承认，他们对乐水轮项目的过度热情，导致了他们忽视了其潜在的局限。[31]

　　同时，企业所处的环境也在迅速变化。公众态度的变化提升了消费者和员工对企业的期望，他们期待企业不仅在财务上取得佳绩，更要在社会和环境方面展现出积极影响。众多企业已积极回应这一趋势，将更广泛的社会责任融入核心业务之中，而非仅仅依赖于过去常见的企业慈善计划。一些企业甚至采取了诸如"B公司"之类的新模式，将社会责任融入其组织结构中。"B公司"是一种全球公认的公司社会责任认证体系，已有不少知名企业成为了B公司的一员，包括冰淇淋制造商班杰利公司（Ben & Jerry's）、白波食品公司（Danone North America），以及户外服装制造商巴塔哥尼亚（Patagonia）等。

随着人们行善和展现社会责任的方式日益多样化，一个根本性的问题也随之而来：在此背景下，慈善的价值是什么？若我们默认慈善与市场的边界日益模糊，可能会削弱慈善本身的独特性。但另一方面，若总体上善举的数量不减反增，这样的变化是否真的很关键？又或者说，将私人资金无偿用于公益事业而不期待任何财务回报这一理念，是否具有值得保护的独特价值？对此，谨慎一点是有道理的。就像有些公司被指控通过植树计划和其他举措来掩盖其更广泛的环境破坏行为，进行"绿色洗白"一样。有迹象表明，诸如B公司认证这样的社会责任标准和标志，在某些情况下也可能沦为"目的洗白"的工具。一些企业利用这些广受认可的社会责任资质所带来的光环效应，企图转移公众视线，掩盖其在运营、雇佣或税务等方面可能存在的问题，从而逃避应有的审查和问责。2021年，啤酒公司BrewDog的共益企业认证（B Corp）因一名前员工对其工作环境的投诉受到调查。[32] 2022年，内容审核公司Sama在肯尼亚的雇佣条件也遭到了批评，导致人们呼吁取消其共益企业认证。[33]针对这两起事件，目前尚未采取任何行动，这不禁让人产生质疑，缺乏强有力的执行机制是否会贬低把通过共益企业认证视为企业真正践行社会使命标志的价值。

7

慈善的未来在哪里？

尽管为慈善界定一个普遍接受的确切定义仍是一项艰巨任务，但通过探讨各种替代方案，我们已揭示出许多显著的特征、主题及问题。这些发现至少让我们更有信心地阐述慈善事业的根本目的。

正如我们所见，慈善不同于传统的捐赠。它不关注个人层面上的问题的表层征状，而是试图从系统层面解决问题的根源。因此，慈善应主要由理性引导，而非情感驱动，利用数据和评估手段来确保干预措施的有效性和效率，尽管这一过程充满挑战。然而，我们也看到，如果慈善家对他们试图帮助的个人和社区强行推行技术化的、自上而下的解决方案，可能会引发批评。在最坏的情况下，追求理性和普遍性曾让一些慈善家忽视了基本的人性和同情心，带来了令人不安的后果，至今仍在慈善领域投下了深远的阴影。如今，越来越多的捐赠者和资助者意识到这一风险，他们承认在慈善事业中需要找到一种平衡：既要坚持系统性、战略性的方法，也要兼顾那些经常被贬低为"纯粹慈善"的以人为本的做法。

我们还看到，慈善并不等同于正义。捐赠是给予者自愿提供的援助，接受者虽应心存感激，但并不能将此视为理所当然的权利。相反，正义则要求给予者履行支付或补偿的义务，这些是接受者应得的权益，接受者无需对此表达感激。我们必须清晰地区分慈善与正义这两个概念，并避免将慈善视为正义的替代品。但同时，我们仍然可以怀揣这一愿景，将慈善转变为推动社会正义更为有效的工具。尽管这一目标难以达到完美，我们仍可通过改变慈善的运作方式来实现。例如，我们可以通过质疑捐赠基金的永久性规范来减少代际不公。越来越多的新捐赠者正在这样做，从一开始就设定时间限制，而像爱德华·哈森基金会（Edward W. Hazen Foundation）这样的组织则选择放弃永久性基金，制订了在未来几年内逐步耗尽其资金的计划。此外，我们也应当正视"脏钱捐赠"所带来的挑战，探究资金的源头，确保慈善不成为财富创造过程中不公现象延续的推手。英国的众多慈善基金会，诸如约翰·埃勒曼基金会（John Ellerman Foundation）、约瑟夫·朗特里基金会（the Joseph Rowntree Foundation）及其慈善信托，正积极致力于更加清晰地审视自身历史中可能存在的问题，并寻求解决方案。在某些案例中，提升财富来源的透明度或许足以应对；而在另一些情况下，可能还需要为进一步行动铺平道路，比如采取赔偿措施或旨在纠正历史不公的具体措施。

慈善家还有另一项选择：支持那些勇于改变某些社会系统和结构的社会运动和草根组织，即便慈善家自身可能受益于这些系统和机构。这对捐赠者来说可能是一个挑战，例如，FRIDA青年女权基金在接收麦肯锡·斯科特慷慨捐赠的1000万美元的同时发表了声明，对斯科特财富来源（亚马逊公司）进行了公开谴责。[1]对于受赠者这同样也是一个挑战。特别是那些虽怀善意却倾向于规避风险的捐赠者可能会附加一系列条件，以限制受赠者发声或不让其参与某些活动。"运动捕获"的风险也不容忽视，引发忧虑：比如部分基金会虽声称支持"黑命贵"运动，但却试图将公众讨论的方向从该运动更为激进的诉求引导至更为温和的"改良"议程上。[2]

慈善也必须放在与国家的对比中来理解。两者各有优劣：慈善具备灵活性和创新性，但容易受到个人偏好的影响，从而不利于公平与公正。相比之下，国家则可以提供广泛和稳定的服务，但有时也显得僵化，且倾向于规避风险。很明显，两者在规模和资源分配上存在明显差异，因此慈善无法作为国家公共支出的替代品。所以，慈善必须更加明确自己在与国家的关系中的定位。它可以与公共部门合作，推出更加人本导向和社区导向的服务项目；也可以不断开创并测试新模式，供国家未来采纳；慈善甚至还可以通过倡导和运动来挑战现有的服务体系，以期在未来改善这些服务。所有这些都是慈善能够发挥的重要功能，但作为一个社会整体，我们亟须更清晰地界定国家应当承担的责任和我们所期待的慈善作用。

正如我们所见，慈善也不能替代税收。两者在社会中发挥着不同的功能，慈善绝不能成为逃

　　　　　　　　　　　　　慈善有什么用？

税避税的借口。事实上，对于那些致力于缓解不平等、促进社会公正的慈善家而言，他们更有责任站出来倡导对财富进行合理的税收调节，正如"爱国百万富翁"等组织所做的那样。我们也应当反思慈善本身的税收待遇：不应只是被动地接受对慈善捐赠的税收减免，而应主动探究政府为何提供此类激励措施。正如本书所深入分析的，这些税收如果旨在鼓励个人支持一个健康、包容、具有多元化声音的社会时才显得合理，那么，这对慈善组织的结构和慷慨程度有何影响呢？

我们已经看到，慈善可能会成为一种反民主的力量，它可能引入富裕阶层的意志，导致资源分配偏向其利益，或通过永续基金让捐赠者的"永恒之手"持续施加影响。另一方面，慈善也能加强民主，确保公民社会的多元化，让边缘化的声音被听见，并对多数人的暴政形成制衡。作为"民主的温床"，慈善促进了公民参与，培养了民主参与的技能。因此，慈善必须认识到这种双重性质，我们也要了解如何确保慈善在未来的民主社会中发挥积极作用。

我们可以通过增加慈善领域的透明度和开放性来降低富人影响决策的风险。同时，要确保慈善资助者支持那些能够获得更广泛公众支持的组织和运动，这样他们的资金就不会对这些组织产生过大的影响。然而，在追求透明度和开放性的同时，我们也必须谨慎，确保不会削弱慈善事业挑战现状、支持不受欢迎的或边缘化的事业的能力。正是这一独特且宝贵的能力，让慈善在历史上能够成功地将边缘问题推向公众视野，并推动社会实现长期变革。维护这一能力的关键在于保护公民社会组织和社会运动所享有的权利与自由，确保它们能够无惧于权力，勇于说出真相。因此，慈善界应积极参与保护公民社会，抵制全球范围内任何倒退性的政策和法律。

同样重要的是，慈善也应该认识到自身在发现与创新方面的职责。这并非要求每位资助者都不断追逐新鲜事物——很多时候，巩固和发展既有的成就，本身亦是一种创新。然而，慈善家们确需积极寻找机会，承担那些国家或市场难以承担的风险，为解决社会与环境问题开辟新径。同时，我们必须思考一个问题，若要使慈善事业充分释放潜能，是否必须向更加民主的方向迈进？我们的慈善组织与机构是否真正映射出整个社会的多元面貌，以及它们所致力于服务的人民与社区的多样性？若答案是否定的，那么我们必须采取更为坚决的行动，以确保慈善领域内实现更大的多样性和代表性。或许，仅通过重新审视慈善组织的人员配置结构，或是引入参与式管理模式，让那些以往常被视为慈善被动接受者的个人与社区能够更积极地参与到决策过程中来，就能带来显著的改变。同时，我们必须确保慈善资金的分配模式能够实现权力的真正转移，而不仅是资金的再分配。这要求我们摒弃短期、捐赠者导向及限制性资金的惯例，转而拥抱一种更为长远、基于信任的分配方式。我们应提供资金支持给受助组织，用于其核心运作，并赋予他们自由决定资金使用方式的权利。

最后，我们必须承认，慈善不是市场。慈善组织与捐赠者可以从商业领域汲取诸多宝贵经验和智慧，但绝不应将其视为解决所有问题的万能钥匙，更不应盲目地认为这些商业策略能自动适配复杂且根深蒂固的社会与环境问题。我们应该欢迎越来越多企业将社会使命置于其运营的核心，同时，慈善家与民间组织也应积极寻求与这些以使命为导向的企业建立合作关系。然而，随着这一趋势的日益普及，我们必须警惕"社会使命"这一概念被过度泛化乃至失去其本质意义的风险，也应防范某些不道德的企业仅仅披上"社会使命"外衣进行所谓的"使命洗白"而不改变其运营方式。更为关键的是，随着市场手段在社会问题上越来越受欢迎，成效越来越显著，我们需要更加明确慈善和专门的非营利组织所剩余的独特价值。

理想的慈善形式?

本书试图概述我们需要问的关键问题，以理解慈善的目的，以及如何确保其在社会中发挥积极作用。当然，对这些问题我们可能会得出不同的答案，每个人心中的理想慈善形态也不尽相同。但这份差异或许正是慈善生命力的体现，因为慈善本质上是个人做出的选择和决定，它理应如同个体一般，展现出多样而丰富的面貌。关键在于，我们应当对所做的选择及其背后的原因持有共同的理解。既能接受这些选择，也能在必要时以建设性的态度去挑战不同的声音。关于慈善的讨论往往容易陷入两极分化的争论之中，这样的氛围只会加剧防备与怨恨，无益于实质性的进步。因此，我们更应致力于发掘其中的微妙差异与复杂性，学会在适当的时候回应批评，而在其他情况下接受批评并利用它来改善慈善，使其成为更好的版本。这样，我们都能受益。

注　释

1　简介

1　Charities Aid Foundation (CAF), *UK Giving 2021*.

2　A. Pruitt, and J. Bergdoll, 'Americans gave a record $471 billion to charity in 2020, amid concerns about the coronavirus pandemic, job losses and racial justice', *The Conversation*, 15 June 2022.

3　P.D. Johnson et al, *Global Philanthropy Report: Perspectives on the Global Foundation Sector* (Hauser Institute for Civil Society at the John F. Kennedy School of Government, Harvard University, 2018).

4　OECD, *Private Philanthropy for Development – Second Edition: Data for Action* (OECD Publishing, 2021).

5　数据来源于维基百科的文章 *List of wealthiest charitable foundations*，且美元金额已根据 2020 年 12 月 31 日的汇率进行了换算。但需要注意的是，依赖维基百科来收集这类数据并非最佳选择；然而，在全球范围内，关于基金会资产的可比数据来源极为有限，而现有的数据来源在方法论上也存在着明显的缺陷，其可靠性并不比此列表高出多少。这实际上揭示了一个更为普遍的问题：获取关于基金会的数据极为困难，这主要是全球各地在透明度要求、报告时间表以及慈善基金会的定义上存在着巨大的差异。

6　数据取自 Johnson 等人编纂的 *Global Philanthropy Report*.

7　D.F. Burlinghame, 'Altruism and Philanthropy: definitional issues', *Essays on Philanthropy: no. 10*, (Indiana University Center on Philanthropy, 1993), p. 6.

8　R. Payton and M. Moody, *Understanding Philanthropy: Its Meaning and Mission* (Indiana University Press, 2008).

2　慈善还是捐赠？

1　*Pembroke County Guardian and Cardigan Reporter*, 27 July 1905, p. 9.

2　Charities Aid Foundation, *UK Giving 2021* and the Giving Institute, *Giving USA 2021*.

3　W.K. Jordan, *Philanthropy in England 1480–1660* (George Allen & Unwin, 1959), pp. 18–19.

4　Sermon no. 10: Preached at Lincoln's Inn, in Simpson and Potter (eds.), *The Sermons of John Donne* (University of California Press, 1953).

5　G. Jones, *History of the Law of Charity 1532–1827* (Cambridge University Press, 1969), p. 10.

6　'Of goodness and goodness of nature' in F. Bacon, *Essays* (W.L. Allison, 1888).

7　H. Cunningham, *The Reputation of Philanthropy Since 1750: Britain and Beyond* (Manchester University Press, 2020).

8　D. Owen, *English Philanthropy: 1660–1960* (Harvard University Press, 1965), p. 92.

9　R.A. Gross, 'Giving in America: from charity to philanthropy', in Friedman and McGarvie (eds.), *Charity, Philanthropy, and Civility in American History* (Cambridge University Press, 2002), pp. 29–48.

10　Cited in B. Soskis, *Both More and No More: The Historical Split between Charity and Philanthropy* (Hudson Institute, 2014), p. 15.

11　W.S. Gilbert, *The Bab Ballads, with Which are Included Songs of a Savoyard* (Macmillan, 1904).

12　'On Doing Good', *The Times*, 12 May 1914, p. 9.

13　J. Swift, *A Modest Proposal and Other Writings* (Penguin UK, 2009).

14　G. Cruikshank, 'The Universal Philanthropist', in H. Mayhew (ed.) *The Comic Almanack, for 1848: Illustrated by George Cruikshank* (Vizetelly Brothers and Co., 1848).

15　J. Tenniel, 'Telescopic Philanthropy', *Punch*, 4 March 1865.

16　G. Canning, C. Edmonds and J. Gillray, *Poetry of the Anti-Jacobin: Comprising the Celebrated Political & Satirical Poems, Parodies, and Jeux-d'esprit of the Rt Hon. George Canning and Others* (Willis, 1852), p. 201.

17　'Ode to Modern Philanthropy', *The Times*, 28 December 1840.

18　J. Tremblay-Boire, A. Prakash and M.A. Calderon, 'Delivering Public Services to the Underserved: Nonprofits and the Latino Threat Narrative', *Public Administration Review* (2022).

19　A. Carnegie, 'The Gospel of Wealth', *The North American Review*, 183(599), (1906), pp. 526–37, p. 535.

20　取自 the account of 15 April 1778 in J. Boswell (Wallace ed.), *The Life of Samuel Johnson, LL. D.* (W.P. Nimmo, 1873), p. 377。

21　W.S. Jevons, *Political Economy* (D. Appleton & Co., 1880), p. 9.

22　P. Slack, *The English Poor Law, 1531–1782* (Cambridge University Press, 1995), p. 41.

23　M. Lindemann, *Patriots and Paupers: Hamburg, 1712–1830* (Oxford University Press, 1990), p. 147.

24　Owen, *English Philanthropy*, p. 92.

25　这句引文通常被认为出自卡内基的《财富的福音》（*The Gospel of Wealth*）。然而，在《财富的福音》的任何版本中，都没有找到支持这一说法的证据。作者发现，最接近这一释义的内容出现在卡内基1908年1月28日写给美国总统西奥多·罗斯福的一封信中。信中，卡内基写道："你现在的任务很艰巨，但明智地分配金钱并非易事，这项工作甚至比获得财富更为艰难。"这封信收录于 T. Roosevelt (1907) Theodore Roosevelt Papers: Series 1: Letters and Related Material,1759–1919; 1907, Dec. 13–1908, Feb. 14. [Manuscript/Mixed Material] 取自美国国会图书馆，网址为 https://www.loc.gov/item/mss382990080/. Images 595 & 596.

26 J.B. O'Reilly, 'In Bohemia' (1886), reprinted in Sinclair (ed.), *The Cry for Justice: An Anthology of the Literature of Social Protest* (Upton Sinclair, 1915), p. 497.

27 'Charity', in A. Bierce, *The Shadow on the Dial, And Other Essays* (A.M. Robertson, 1909), p. 175.

28 J. Addams, 'Charitable Effort' (1902), reprinted in O'Connell (ed.) *America's Voluntary Spirit: A Book of Readings* (The Foundation Center, 1983), pp. 73–80, p. 75.

29 W. Bagehot, *Physics and Politics, or Thoughts on the Application of the Principles of 'Natural Selection' and 'Inheritance' to Political Theory* (Henry S. King, 1872), p. 189.

30 C. Darwin, *The Descent of Man, and Selection in Relation to Sex* (John Murray Press, 1896), p. 134.

31 A. Rutherford, *Control: The Dark History and Troubling Present of Eugenics* (Orion, 2021).

32 H.S. Jennings, 'Biological Aspects of Charity', in Faris, Laune and Todd (eds.) *Intelligent Philanthropy* (1930, reprinted Patterson Smith, 1960), p. 271.

33 W.A. Schambra, 'Philanthropy's Original Sin', *The New Atlantis* (October 2013), pp. 3–21.

34 J. Butler, *Woman's Work and Woman's Culture* (Macmillan and Co., 1869), p. xxxvii.

35 P. Singer, *The Most Good You Can Do* (Yale University Press, 2015).

36 N. Kenworthy et al, 'A cross-sectional study of social inequities in medical crowdfunding campaigns in the United States', *PLoS ONE*, 15(3): e0229760, (2020).

3 慈善还是正义？

1 引自 P.D. Hall, 'Philanthropy, the nonprofit sector & the democratic dilemma', *Daedalus*, 142(2), (2013), pp. 139–58。

2 引自 G.B. Finlayson, *Citizen, State, and Social Welfare in*

Britain 1830–1990 (Oxford University Press, 1994), p. 249。

3   B. Russell, 'On Charity', *New York American*, 2 November 1932. Reproduced in Russell, *Mortals and Others* (Routledge Classics, 2009), pp. 129–30.

4   M. Ryan, '"To mistake gold for wealth": The Venerable Bede and the fate of Northumbria', in Cooper and Leyser (eds.), *Making Early Medieval Societies: Conflict and Belonging in the Latin West, 300–1200* (Cambridge University Press, 2016), pp. 80–103.

5   D. Owen, *English Philanthropy: 1660–1690* (Harvard University Press, 1965), p. 437.

6   E. Saunders-Hastings, '"Send back the bloodstained money": Frederick Douglass on tainted gifts', *American Political Science Review*, 115(3), (2021), pp. 729–41.

7   G.B. Shaw, 'Preface to Major Barbara: first aid to critics', in *Major Barbara* (Brentano's, 1907), p. 23.

8   T. Roosevelt, Address of President Roosevelt at the laying of the corner stone of the office building of the House of Representatives (also known as 'The Man with the Muckrake'), 14 April 1906. Reproduced by Voices of Democracy: The US Oratory Project.

9   'A humane word from Satan', *Harper's Weekly*, 8 April 1905. Reproduced in M. Twain, *The $30,000 Dollar Bequest and Other Stories* (Harper & Brothers, 1906), pp. 237–9.

10 G.K. Chesterton, 'Gifts of the millionaire', *Illustrated London News*, 29 May 1909.

11 A. Hern, 'Charities in a bind after cybercriminals donate $10,000 in bitcoin', *Guardian*, 20 October 2020.

12 J.B. Schneewind, 'Philosophical ideas of charity: some historical reflections', in Schneewind (ed.) *Giving: Western Ideas of Philanthropy* (Indiana University Press, 1996), pp. 54–75, p. 55.

13 Thomas Aquinas, *Summa Theologica*, Part II-II, Question 66: 'Of theft and robbery'.

14 J.B. Schneewind, 'Philosophical ideas of charity: some historical reflections'.

15 S. Forde, 'The Charitable John Locke', *Review of Politics* 71(3), (2009), pp. 428–58.

16 J.B. Schneewind, 'Philosophical ideas of charity: some historical reflections'.

17 M. Wollstonecraft, *A Vindication of the Rights of Men, in a letter to the Right Honourable Edmund Burke; occasioned by his Reflections on the Revolution in France* (J. Johnson, 1790), p. 133.

18 W. Godwin, *An Enquiry Concerning Political Justice: and its Influence on General Virtue and Happiness*, Vol II (G.G.J. and J. Robinson, 1793), p. 798.

19 T. Paine, *Agrarian Justice, Opposed to Agrarian Law, and to Agrarian Monopoly* (W. Adlard, 1797).

20 I. Kant (Infield ed.), *Lectures on Ethics* (Methuen & Co, 1930), p. 194.

21 E. Durkheim and H. Joas, 'General Duties of Social Life. (2) Charity' in Gross and Jones (eds.), *Durkheim's Philosophy Lectures: Notes from the Lycée de Sens Course, 1883–1884* (Cambridge University Press, 2004), pp. 270–71.

22 E. Zola (trans. E.A. Vizetelly), *Paris* (Macmillan, 1898), p. 730.

23 F. Engels (trans. F.K. Wischnewetzy), *The Condition of the Working Class in England: From Personal Observation and Authentic Sources* (George Allen and Unwin, 1892; reprinted 1952), p. 278.

24 O. Wilde, *The Soul of Man Under Socialism and Selected Critical Prose* (Arthur L. Humphreys, 1912), p. 10.

25 M.L. King, *Strength to Love* (Harper & Row, 1963; reprinted Fortress Press, 1981), p. 34.

26 L. Hughes, 'To Negro writers'. Reproduced in L. Hughes et al. *The Collected Works of Langston Hughes: Essays on Art, Race, Politics, and World Affairs. Vol. 9* (University of Missouri Press, 2001), p. 132.

27 A. Andrews, 'Constructing mutuality: The Zapatistas' transformation of transnational activist power dynamics', *Latin American Politics and Society*, 52(1), (2010), pp. 89–120.

28 C. Cordelli, 'Reparative justice and the moral limits of discretionary philanthropy' in Reich, Cordelli and Bernholz (eds.), *Philanthropy in Democratic Societies* (University of Chicago Press, 2016), pp. 244–67, p. 247.

29 E. Villanueva, *Decolonizing Wealth: Indigenous Wisdom to Heal Divides and Restore Balance* (Berrett-Koehler Publishers, 2021).

30 Millionaires for Humanity sign-on letter, July 2020. https://millionairesforhumanity.org/sign-on-letter/

31 D. Owen, *English Philanthropy: 1660–1690*, p. 132.

32 J.M. Johnson, *Funding Feminism: Monied Women, Philanthropy and the Women's Movement 1870–1967* (The University of North Carolina Press, 2017), p. 2.

33 M.M. Francis, 'The price of civil rights: Black lives, white funding, and movement capture', *Law & Society Review*, 53(1), (2019), pp. 275–309.

34   K. Ferguson, *Top Down: The Ford Foundation, Black Power, and the Reinvention of Racial Liberalism* (University of Pennsylvania Press, 2013); A. O'Connor, 'The Ford Foundation and philanthropic activism in the 1960s', in Lagemann (ed.), *Philanthropic Foundations: New Scholarship, New Possibilities* (Indiana University Press, 1999), pp. 169–94.

4 慈善还是国家财政？

1   A.P. Chekhov, letter to A.F. Koni, 16 January 1891, in *Letters of Anton Chekhov to His Family and Friends* (trans. C.B. Garnett, The MacMillan Company, 1920), p. 228.

2   B.K. Gray, *Philanthropy and the State: or Social Politics* (P.S. King & Son, 1908), p. 3.

3   J.J. Fishman, 'Regulating the Poor and Encouraging Charity in Times of Crisis: The Poor Laws and the Statute of Charitable Uses', *Pace Law Faculty Publications*, 406, (2007).

4   W.K. Jordan, *Philanthropy in England 1480–1660* (George Allen & Unwin, 1959), p. 75.

5   B.K. Gray, *A History of English Philanthropy: From the Dissolution of the Monasteries to the Taking of the First Census*, p. 285.

6   Charitable Trusts Committee (Nathan Committee), *Report of the Committee on the Law and Practice Relating to Charitable Trusts* (Stationery Office, 1952), p. 8.

7   P. Thane, 'There has always been a "big society"', History Workshop blog, 30 April 2011. https://www.historyworkshop.org.uk/there-has-always-been-a-big-society/

8   'Charitable London', *The Times*, 7 September 1850, p. 6.

9   引自 G.B. Finlayson, *Citizen, State, and Social Welfare in Britain 1830–1990* (Oxford University Press, 1994), p. 272。

10   Hansard, *H.C. Deb.*, vol. 422, cc. 43–142, 30 April 1946.

11   Charitable Trusts Committee (Nathan Committee), *Report of the Committee on the Law and Practice Relating to Charitable Trusts*, p. 160.

12   引自G.B. Finlayson, *Citizen, State, and Social Welfare in Britain 1830–1990*, p. 281。

13   Detroit Historical Society, *Encyclopedia of Detroit: Grand Bargain*.

14   B.K. Gray, *Philanthropy and the State: or Social Politics*, p. 4.

15   J.L. Riley, 'Was the $5 billion worth it?', *Washington Post*, 23 July 2011.

16 P. Sullivan, 'Private citizen Bloomberg on philanthropy', *New York Times*, 25 April 2014.

17 W. Beveridge, *Voluntary Action: A Report on Methods of Social Advance* (George Allen & Unwin, 1948), p. 302.

18 Hansard, *H.C. Deb. vol. 155, cc. 1198–221, 20 June 1922*.

19 R. Reich, 'Toward a political theory of philanthropy', in Illingworth, Pogge and Wenar (eds.) *Giving Well: The Ethics of Philanthropy* (Oxford University Press, 2011), pp. 177–95.

20 Hansard, *H.C. Deb., vol. 170, cc. 1067–136, 4 May 1863*.

21 引自M.J. Gousmett, 'The Charitable Purposes Exemption from Income Tax: Pitt to Pemsel 1798–1891', Unpublished PhD Thesis (University of Canterbury, New Zealand, 2009), p. 514。

22 OECD, *Taxation and Philanthropy*, OECD Tax Policy Studies, no. 27 (OECD Publishing, 2020).

23 J. Andreoni, and J. Durnford, 'Effects of the TCJA on itemization status and charitable deduction', *Tax Notes Federal*, 26 August 2019.

5 慈善还是民主？

1 引自P.D. Hall, 'Philanthropy, the nonprofit sector & the democratic dilemma', *Daedalus*, 142(2), (2013), pp. 139–58。

2 Charitable Trusts Committee (Nathan Committee), *Report of the Committee on the Law and Practice Relating to Charitable Trusts* (Stationery Office, 1952), p. 12.

3 F.P. Walsh, 'Perilous Philanthropy', *Independent*, 83, pp. 262–64.

4 R. Reich, *Just Giving: Why Philanthropy is Failing Democracy and How It Can Do Better* (Princeton University Press, 2018), pp. 7–8.

5 引自J.A. Clarke, 'Turgot's critique of perpetual endowments', *French Historical Studies* 3(4), (1964), pp. 495–506。

6 J.S. Mill, 'Endowments', *Fortnightly Review* 5(28), (1869), pp. 377–90.

7 A. Hobhouse, *The Dead Hand: Addresses on the Subject of Endowments and Settlements of Property* (Spottiswoode & Co., 1880), p. 44.

8 D. Owen, 'The City parochial charities: the "dead hand" in late Victorian London', *Journal of British Studies*, 1(2), (1962), pp. 115–35.

9 'Limiting the Foundation', *Springfield Republican*, 9 March 1910.

10 J. Rosenwald, 'Principles of Public Giving', (1929). Reproduced in Kass (ed.), *Giving Well, Doing Good: Readings for Thoughtful*

Philanthropists (Indiana University Press, 2008), pp. 185–93.

11 引自E. Brayer, *George Eastman: A Biography* (University of Rochester Press, 2006), p. 346。

12 W.K. Jordan, *Philanthropy in England 1480–1660* (George Allen & Unwin, 1959), p. 149.

13 F.K. Prochaska, 'Philanthropy', in Thompson (ed.) *The Cambridge Social History of Britain 1750–1950 (3): Social Agencies and Institutions* (Cambridge University Press, 1990), p. 370.

14 引自K. Waddington, *Charity and the London Hospitals, 1850–1898* (Boydell & Brewer Ltd, 2000), pp. 30–1。

15 B. Whitaker, *The Foundations: An Anatomy of Philanthropy and Society* (Eyre Methuen, 1974), p. 53.

16 引自R. Magat, *Unlikely Partners: Philanthropic Foundations and the Labor Movement* (Cornell University Press, 1999), p. 90。

17 引自G.B. Finlayson, *Citizen, State, and Social Welfare in Britain 1830–1990* (Oxford University Press, 1994), p. 130。

18 D. Walker, 'Toward a new gospel of wealth', Ford Foundation blog, 1 October 2015. https://www.fordfoundation.org/news-and-stories/stories/posts/toward-a-new-gospel-of-wealth/

19 M.M. Francis and E. Kohl-Arenas, 'Here we go again: philanthropy & movement capture', *The Forge*, 17 June 2021.

20 R.J. Morris, 'Clubs, societies and associations', in Thompson (ed.), *The Cambridge Social History of Britain 1750–1950(3): Social Agencies and Institutions* (Cambridge University Press, 1990), pp. 395–444, p. 436.

21 引自P.D. Hall, 'A historical overview of philanthropy, voluntary associations and nonprofit organizations in the United States 1600–2000', in Powell and Steinberg (eds.) *The Nonprofit Sector: A Research Handbook* (second edition, Yale University Press, 2006), pp. 32–65, p. 35。

22 引自P. D. Hall, 'Resolving the Dilemmas of Democratic Governance. The Historical Development of Trusteeship in America', in E.C. Lagemann (ed.), *Philanthropic Foundations: New Scholarship, New Possibilities* (Indiana University Press, 1999), pp. 3–42, p. 9。

23 J.S. Mill, 'Endowments', *Fortnightly Review* 5(28), (1869), pp. 377–90.

24 引自D. Owen, *English Philanthropy: 1660–1960* (Harvard University Press, 1965), p. 327。

25 F.A. Hayek and R. Hamowy (eds.) *The Constitution of Liberty: The Definitive Edition* (University of Chicago Press, 2011), p. 192.

26 D. Callahan, *The Givers: Wealth, Power, and Philanthropy in a New Gilded Age* (Vintage, 2017), p. 166.

27 B.I. Page, L.M. Bartels and J. Seawright, 'Democracy and the policy preferences of wealthy Americans', *Perspectives on Politics*, 11(1), (2013), pp. 51–73.

28 W. Weaver, *U.S. Philanthropic Foundations: Their History, Structure, Management and Record* (Harper & Row, 1967), p. 200.

29 R. Reich, *Just Giving: Why Philanthropy is Failing Democracy and How It Can Do Better*, p. 159.

30 M. Mazzucato, *The Entrepreneurial State: Debunking Public vs. Private Sector Myths* (Anthem Press, 2013).

31 R. Lane, 'Bill Gates gets why people are doubting billionaires – and he has a defense (even for Mark Zuckerberg)', *Forbes*, 19 February 2019.

32 Charitable Trusts Committee (Nathan Committee), *Report of the Committee on the Law and Practice Relating to Charitable Trusts* (Stationery Office, 1952), p. 14.

33 D. Owen, *English Philanthropy: 1660–1690* (Harvard University Press, 1965), p. 474.

34 R. Reich, *Just Giving: Why Philanthropy is Failing Democracy and How It Can Do Better*, p. 159.

35 R.D. Putnam, R. Leonardi and R. Nanetti, *Making Democracy Work: Civic Traditions in Modern Italy* (Princeton University Press, 1993), p. 90.

36 F.K. Prochaska, *Schools of Citizenship: Charity and Civic Virtue* (Civitas/Institute for the Study of Civil Society, 2002), p. 14.

37 J.D. Smith and M. Oppenheimer, 'The Labour Movement and Voluntary Action in the UK and Australia: A comparative perspective', *Labour History* 88, (2005), pp. 105–20.

38 C. Braithwaite, *The Voluntary Citizen: An Enquiry into the Place of Philanthropy in the Community* (Methuen, 1938), p. 80.

39 F.K. Prochaska, *Women and Philanthropy in Nineteenth-Century England* (Oxford University Press, 1980), p. 227.

40 F.K. Prochaska, *Women and Philanthropy in Nineteenth-Century England*, p. 2.

41 K.D. McCarthy, 'Parallel power structures: Women and the voluntary sphere', in D. Hammack (ed.), *Making the Nonprofit Sector in the United States: A Reader* (Indiana University Press, 1998), pp. 248–63, p. 263.

42 R.J. Morris, 'Voluntary societies and British urban elites,

1780–1850: An analysis', *The Historical Journal*, 26(1), (1983), pp. 95–118, p. 115.

43 B. Harrison, 'Civil society by accident? Paradoxes of voluntarism and pluralism in the nineteenth and twentieth centuries', in Harris (ed.) *Civil Society in British History: Ideas, Identities, Institutions* (Oxford University Press, 2003), pp. 79–96, p. 95.

44 J. Roelofs, *Foundations and Public Policy: The Mask of Pluralism* (SUNY Press, 2003), p. 48.

6 慈善还是市场？

1   Smith and Cannan (eds.) *An Inquiry into the Nature and Causes of the Wealth of Nations* (The Modern Library, 1937), p. 14.

2   M. Bishop and M.F. Green, *Philanthrocapitalism: How the Rich Can Save the World, and Why We Should Let Them* (Bloomsbury, 2008).

3   W. Rathbone, *Social Duties: Considered with Reference to the Organization of Effort in Works of Benevolence and Public Utility* (Macmillan, 1867), pp. 65–6.

4   P. Shapely, *Charity and Power in Victorian Manchester* (Chetham Society, 2000), p. 29.

5   引自 P.D. Hall, 'Resolving the dilemmas of democratic governance: The historical development of trusteeship in America, 1636–1996', in Lagemann (ed.), *Philanthropic Foundations: New Scholarship, New Possibilities* (Indiana University Press, 1999), pp. 3–42, p. 26。

6   P.K. Angell, 'Julius Rosenwald', *The American Jewish Year Book*, 34, (1934), pp. 141–76.

7   M. Edwards, *Just Another Emperor: The Myths and Realities of Philanthrocapitalism* (Demos & The Young Foundation, 2008), p. 7.

8   P. Buchanan, 'The attack on philanthropy', Center for Strategic Philanthropy & Civil Society, Duke University, 10 November 2009.

9   D. Owen, *English Philanthropy: 1660–1960* (Harvard University Press, 1965), p. 57.

10 M.C. Samples, 'The humbug and the nightingale: P.T. Barnum, Jenny Lind, and the branding of a star singer for American reception' *The Musical Quarterly*, 99(3–4), (2017), pp. 286–320.

11 D. Owen, *English Philanthropy: 1660–1960* (Harvard University Press, 1965), p. 130.

12 F.K. Prochaska, *Women and Philanthropy in Nineteenth-Century*

England (Oxford University Press, 1980).

13 S. Roddy, J.M. Strange and B. Taithe, *The Charity Market and Humanitarianism in Britain, 1870–1912* (Bloomsbury Publishing, 2020), p. 43.

14 'We publish this morning a list of charitable appeals…', *The Times*, 1 July 1880.

15 'Dancing Philanthropy', *North-Eastern Daily Gazette*, 31 May 1892.

16 E.H. Bayley, 'Nationalising the lifeboat service', *Westminster Review, Jan. 1852–Jan. 1914*, 147(2), (1897), pp. 120–27.

17 B. Harrison, 'Philanthropy and the Victorians', *Victorian Studies* 9(4), (1966), pp. 353–74.

18 A. Hands, *Charities and Social Aid in Greece and Rome* (Cornell University Press, 1968), pp. 109–10 and p. 184.

19 P. Vallely, *Philanthropy: From Aristotle to Zuckerberg* (Bloomsbury, 2020).

20 E. Chance et al, 'Charities for the poor', in Crossley and Elrington (eds.), *A History of the County of Oxford: Volume 4, the City of Oxford* (Victoria County History, 1979), pp. 462–75.

21 P. Brealey, 'The Charitable Corporation for the Relief of Industrious Poor: Philanthropy, Profit and Sleaze in London, 1707–1733', *History*, 98(333), (2013), pp. 708–29.

22 P. Vallely, *Philanthropy: From Aristotle to Zuckerberg*, p. 53.

23 D. Owen, *English Philanthropy: 1660–1960* (Harvard University Press, 1965), pp. 372–93.

24 D. Owen, *English Philanthropy: 1660–1960*, p. 18.

25 D. Owen, *English Philanthropy: 1660–1960*, pp. 434–35.

26 T.M. Freeman, *Madam C.J. Walker's Gospel of Giving: Black Women's Philanthropy during Jim Crow* (University of Illinois Press, 2020), p. 57.

27 M. Friedman, 'The social responsibility of business is to increase its profits', *New York Times*, 13 September 1970.

28 R. Miller, *The House of Getty* (Henry Holt and Company, 1986), p. 221.

29 A. Serrano, 'Billionaire pokes fun at philanthropy', *CBS Moneywatch*, 13 March 2007.

30 TED, 'Elon Musk: A future worth getting excited about', April 2022. https://www.ted.com/talks/elon_musk_a_future_worth_getting_excited_about?language=en

31 J. Case, 'The painful acknowledgment of coming up short', *Case*

Foundation, 4 May 2010. https://casefoundation.org/blog/painful-acknowledgment-coming-short/

32 L. Clarence-Smith, 'BrewDog's ethical status at risk over allegations of "rotten culture"', *The Times*, 12 June 2021.

33 C. Mills Rodrigo, 'Corporate responsibility group reviewing Facebook contractor's worker treatment', *The Hill*, 11 May 2022.

7　慈善的未来在哪里？

1 D. Ranganathan, 'Money is political', *Frida – The Young Feminist Fund* (2022). https://youngfeministfund.org/money-is-political/

2 M.M. Francis and E. Kohl-Arenas, 'Movement capture and the long arc of the Black freedom struggle', *HistPhil*, 14 July 2020.

拓展阅读

慈善还是捐赠？

Lucy Bernholz, *How We Give Now: A Philanthropic Guide for the Rest of Us* (MIT Press, 2021)

Robert Bremner, *Giving: Charity and Philanthropy in History* (Transaction Publishers, 1996)

Rhodri Davies, *Public Good by Private Means: How Philanthropy Shapes Britain* (Alliance Publishing Trust, 2016)

Lawrence Friedman and Mark McGarvie (eds.), *Charity, Philanthropy, and Civility in American History* (Cambridge University Press, 2003)

Peter Dobkin Hall, *Inventing the Nonprofit Sector and Other Essays on Philanthropy, Voluntarism, and Nonprofit Organizations* (Johns Hopkins University Press, 1992)

Warren Ilchman, Stanley Katz and Edward Queen (eds.), *Philanthropy in the World's Traditions* (Indiana University Press, 1998)

Wilbur K. Jordan, *Philanthropy in England, 1480–1660.* (George Allen and Unwin, 1959)

Michael Moody and Beth Breeze (eds.), *The Philanthropy Reader* (Routledge, 2016)

David Owen, *English Philanthropy, 1660–1960* (Harvard University Press, 1965)

Margaret Simey, *Charity Rediscovered: A Study of Philanthropic Effort in Nineteenth-Century Liverpool*

(Liverpool University Press, 1992)

Benjamin Soskis, *Both More and No More: The historical split between charity and philanthropy* (Hudson Institute, 2014)

Paul Vallely, *Philanthropy: From Aristotle to Zuckerberg* (Bloomsbury Continuum, 2020)

Ben Whitaker, *The Foundations: An Anatomy of Philanthropy and Society* (Eyre Methuen, 1974)

慈善还是正义？

Daniel Faber and Deborah McCarthy (eds.), *Foundations for Social Change: Critical Perspectives on Philanthropy and Popular Movements* (Rowan & Littlefield, 2005)

Karen Ferguson, *Top Down: The Ford Foundation, Black Power, and the Reinvention of Racial Liberalism* (University of Pennsylvania Press, 2013)

Arthur Hobhouse, *The Dead Hand: Addresses on the Subject of Endowments and Settlements of Property* (Chatto & Windus, 1880)

Erica Kohl-Arenas, *The Self-Help Myth: How Philanthropy Fails to Alleviate Poverty* (University of California Press, 2015)

Maribel Morey, *White Philanthropy: Carnegie Corporation's 'An American Dilemma' and the Making of a White World Order* (UNC Press Books, 2021)

J.B. Schneewind (ed.), *Giving: Western Ideas of Philanthropy* (Indiana University Press, 1996)

Edgar Villanueva, *Decolonizing Wealth: Indigenous Wisdom to Heal Divides and Restore Balance* (Berrett-Koehler, 2018)

Darren Walker, *From Generosity to Justice: A new Gospel*

of Wealth (Ford Foundation, 2019)

Paul Woodruff (ed.), *The Ethics of Giving: Philosophers' Perspectives on Philanthropy* (Oxford University Press, 2018)

慈善还是国家财政？

William Beveridge, *Voluntary Action (Works of William H. Beveridge): A Report on Methods of Social Advance* (Routledge, 2014)

Maria Brenton, *The Voluntary Sector in British Social Services* (Longman, 1985)

Michael Chesterman, *Charities, Trusts, and Social Welfare* (Weidenfeld and Nicolson, 1979)

Geoffrey Finlayson, *Citizen, State, and Social Welfare in Britain, 1830–1990* (Oxford University Press, 1994)

Benjamin Kirkman Gray, *Philanthropy and the State: Or, Social Politics* (P.S. King, 1908)

Matthew Hilton and James McKay (eds.), *The Ages of Voluntarism: How We Got to the Big Society* (Oxford University Press for the British Academy, 2011)

慈善还是民主？

Beth Breeze, *In Defence of Philanthropy* (Agenda Publishing, 2021)

David Callahan, *The Givers: Wealth, Power, and Philanthropy in a new Gilded Age* (Vintage, 2017)

Linsey McGoey, *No Such Thing as a Free Gift: The Gates Foundation and the Price of Philanthropy* (Verso Books, 2015)

Rob Reich, Chiara Cordelli and Lucy Bernholz (eds.), *Philanthropy in Democratic Societies: History,*

Institutions, Values (University of Chicago Press, 2016)

Rob Reich, *Just Giving: Why Philanthropy is Failing Democracy and How It Can Do Better* (Princeton University Press, 2020)

Joan Roelofs, *Foundations and Public Policy: The Mask of Pluralism* (SUNY Press, 2003)

Emma Saunders-Hastings, *Private Virtues, Public Vices: Philanthropy and Democratic Equality* (University of Chicago Press, 2022)

慈善还是市场？

Matthew Bishop and Michael Green, *Philanthrocapitalism: How Giving Can Save the World* (Bloomsbury Publishing USA, 2010)

Michael Edwards, *Just Another Emperor?: The Myths and Realities of Philanthrocapitalism* (Demos, 2008)

Anand Giridharadas, *Winners Take All: The Elite Charade of Changing the World* (Penguin Random House, 2019)

Sharna Goldseker and Michael Moody, *Generation Impact: How Next Gen Donors Are Revolutionizing Giving* (John Wiley & Sons, 2020)

Peter Grant, *The Business of Giving: The Theory and Practice of Philanthropy, Grantmaking and Social Investment* (Springer, 2011)

Tyrone McKinley Freeman, *Madam C.J. Walker's Gospel of Giving: Black Women's Philanthropy during Jim Crow* (University of Illinois Press, 2020)

Sarah Roddy, Julie-Marie Strange and Bertrand Taithe, *The Charity Market and Humanitarianism in Britain, 1870–1912* (Bloomsbury Academic, 2018)

图片、图表与专题索引

图表

专题